[2025 최신판]

1급
기출문제편

SNS
광고마케터

SNS Advertisement Marketer

서보윤 저

2023, 2024 최신 기출문제 출제 분석

학지사비즈

머리말

소셜미디어로 인한 마케팅의 변화는 이제 더 이상 새로운 것이 아닙니다. 소셜미디어의 활용은 마케팅에서 빠질 수 없는 필수적인 것이 되었고, 애드테크 등의 발전과 함께 유형, 크리에이티브, 운영 방법 등은 점차 고도화되고 더욱 전문적인 지식과 운영 역량을 요구하고 있습니다.

본서는 이러한 전문적 자격을 검증하는 'SNS광고마케터 1급' 자격증 취득을 위해 소셜미디어의 기본적 개념부터 최신 경향까지 전문가로서 반드시 알아야 하는 핵심적 내용을 비롯해 실무에서 바로 활용할 수 있는 매체별 광고 플랫폼의 특징과 운영 방법을 자세히 담았습니다. '이론편'에서 핵심 내용 중심으로 이해한 후 '기출문제편'에서 다양한 문제 풀이와 자세한 해설을 통해 자격증 시험에 대비할 수 있도록 구성했습니다. 특히 SNS광고는 광고 운영시스템뿐만 아니라 광고 상품, 소재 형태, 광고 노출 지면과 방식 등 끊임없이 변화가 이루어지고 있기에, '이론편'에서는 최근 변화된 사항을 이전과 비교하여 이해하기 쉽게 설명하고 시험 합격 이후에도 활용할 수 있는 실용서가 될 수 있도록 기술했습니다. 그리고 '기출문제편'에서는 이전의 기출 복원문제와 시행처 공개문제에 변동된 사항을 반영하고 그 변화를 이해할 수 있게끔 풀이했습니다.

마케팅에 관심이 있는 사람이라면 'SNS광고마케터 1급'은 도전할 만한 자격증입니다. 자격증 하나만으로 당장 광고 전문가가 될 수는 없겠지만, 전문가로 발돋움하기 위한 초석이 될 수 있는 도전이 될 것입니다. 그 도전에 이 책이 함께하기를 바랍니다.

감사합니다.

저자 서보윤

시험 안내

자격증 소개

✜ SNS광고마케터(Social Network Service Advertisement Marketer)

- 디지털 광고 시장의 고성장을 통한 SNS광고 마케팅 분야 산업 활동 영역 증가로 전문성 및 실무적인 역량을 갖춘 인력 양성을 위한 자격
- SNS광고의 기본 지식을 보유하고, SNS광고 기획, 전략, 등록, 운영, 효과분석 등 실무적인 지식 및 역량을 평가하는 자격
- 온라인광고대행사, 기업 홍보부서 등에서 SNS광고 마케팅 및 SNS광고 전문인력을 통한 효율적 마케팅 분석, 전략수립 등의 자격을 갖춘 직무자격조건으로 활용할 수 있는 자격

✜ 필요성

- SNS광고 마케팅의 기본 지식 배양
- 유튜브, 인스타그램, 페이스북 등 SNS광고 실무내용 반영
- 온라인광고대행사 및 기업 홍보부서 등 취업 대비

✜ 자격종류

- 자격구분: 민간등록자격(정보통신기술자격검정, KAIT-CP)
- 등록번호: 2022-001160
- 시행처: 한국정보통신진흥협회(KAIT)

시험 안내

❖ **시험방법**: 비대면 검정

❖ **시험과목 및 배점**

등급	검정과목	검정방법	문항수	시험시간	배점	합격기준
1급	• SNS의 이해 • SNS광고 마케팅	객관식 (사지택일)	80문항	100분	100점	70점 이상

❖ **상세검정내용**

과목	검정항목	검정내용	상세검정내용
SNS의 이해	SNS의 이해	소셜미디어의 이해	매스미디어와 소셜미디어의 차이점
		소셜미디어의 종류	소셜미디어의 발전 과정 및 역사
		소셜마케팅의 주요 전략	SMM/SMO 등 용어와 종류
		소셜미디어 콘텐츠 유형	비즈니스에 적합한 소셜미디어 유형 선택
SNS 광고 마케팅	SNS 광고 실무	메타	Meta Business Suite 플랫폼의 이해
			메타 플랫폼 활용 비즈니스
			메타 광고의 목표와 타기팅
			메타 광고의 형식과 자산 최적화
			성과 측정 도구와 광고 보고서
		유튜브	유튜브 광고 입문
			유튜브 광고 시작하기
			유튜브 타기팅 전략
			유튜브 광고 성과 측정
		카카오톡	카카오톡 광고상품의 이해
			카카오광고 시작하기
		네이버 밴드	네이버 밴드 광고상품의 이해
			네이버 밴드 광고상품 시작하기
		기타 SNS 매체	기타 SNS 매체의 광고상품

❖응시자격: 학력, 연령, 경력 제한 없음

❖응시료: 50,000원
- 발급 수수료 및 배송료 5,800원 별도
- 연기 및 환불 규정
  - 시험 당일 10일 전까지 신청서 제출 시 연기 또는 응시 비용 전액 환불
  - 시험일 9일 전부터 시험 당일은 신청서 및 규정된 사유의 증빙서류 제출 시에만 연기 및 응시 비용 전액 환불 가능함
  - 시험일 이후에는 환불 불가함

❖시험일정

회차	접수일자	시험일자	합격자 발표
2401회	2024. 1. 15.(월)~2024. 1. 26.(금)	2024. 2. 24.(토)	2024. 3. 15.(금)
2402회	2024. 4. 15.(월)~2024. 4. 26.(금)	2024. 5. 25.(토)	2024. 6. 14.(금)
2403회	2024. 7. 15.(월)~2024. 7. 26.(금)	2024. 8. 24.(토)	2024. 9. 13.(금)
2404회	2024. 10. 14.(월)~2024. 10. 25.(금)	2024. 11. 23.(토)	2024. 12. 13.(금)

*2025년 시험일자는 시행처 홈페이지 참조

구성과 특징

소셜 마케팅 전문가**로 반드시 알아야 하는** 실무서!

- 소셜미디어의 기본 개념부터 최신 경향까지 핵심 내용을 다룬 실무서
- 매체별 광고 플랫폼의 특징과 운영 방법을 다룬 실무서

다시 한번 내용 체크!

- '용어설명' '이해쏙쏙 핵심요약' '실력쑥쑥 OX퀴즈' '출제예상문제'로 최종 정리!
- 최신 시행처 공개문제＋2023, 2024 최신 기출복원문제로 완벽 대비!

『이론편』과 『기출문제편』으로 구성된 최고의 수험서!

이론편

- ◆ 소셜미디어와 소셜 마케팅 핵심만 서술
  - ○ 기초부터 마케팅 전문가라면 알아야 할 필수 내용 포함
- ◆ 주요 SNS 플랫폼별로 이해하기 쉽게 제시
  - ○ 각 SNS 광고 시스템 내의 최신 AI(자동화) 적용 사례 반영
  - ○ 2024년 8월까지의 변동 사항 반영
- ◆ 용어설명 ➡ 마케팅 비전공자를 위한 기초 설명
- ◆ 이해쏙쏙 핵심요약 ➡ 빠르게 시험 대비
- ◆ 실력쑥쑥 OX퀴즈 ➡ 핵심 개념 이해 확인
- ◆ 출제예상문제 ➡ 최종 정리로 시험 대비

기출문제편

- ◆ 최신 기출복원문제 풀이 ➡ 출제 경향 파악＋시험 대비
  - ○ 2023, 2024 최신 기출문제 완벽 복원 수록
  - ○ 출제 유형과 난이도 확인 ➡ 실제 시험 대비
- ◆ 시행처 공개문제 ➡ 최신 변경 사항 반영하여 완벽 풀이
  - ○ 시행처 공개문제 수정·보완＋해설 제공 ➡ 시험 완벽 대비

최신 기출복원문제

Chapter 01   2023년 제3회 기출복원문제

01 다음 중 소셜미디어와 매스미디어에 대한 설명으로 옳지 않은 것은?
① 매스미디어와 비교해 소셜미디어 콘텐츠는 더 넓은 도달범위
② 매스미디어는 정보 전달이 양방향적으로 이루어지지만,
   향적 소통의 특성을 갖는다.
③ 매스미디어와 비교해 소셜미디어는 거의 즉각적인 반응
④ 소셜미디어는 사회적 관계 형성의 측면에서 매스미디어

Chapter 02   2023년 제4회 기출복원문제

01 다음 중 웹 2.0의 시대의 특징으로 옳지 않은 것은 무엇인가?
① 전문 크리에이터만 콘텐츠를 만들 수 있다.
② 쌍방향 커뮤니케이션의 가능성이 가장 크다.
③ 누구나 콘텐츠를 만들고 알릴 수 있다.
④ 소셜미디어의 발달과 함께 프라이버시 문제가 사회 문제로 대두되고 있다.

07 다음 중 소셜미디어 최적화에 대한 설명으로 옳지 않은 것은?
① 소셜미디어 최적화는 검색 최적화에도 긍정적인 영향을 미친다.
② 소셜미디어 플랫폼에서 콘텐츠의 유기적 트래픽 유입 최적화를 위한 마케팅
   기법을 말한다.
③ 소셜미디어 최적화는 내러티브 광고를 활용한 판매 효과로만 평가한다.
④ 소셜미디어상에서 고객에게 메시지를 전달하고 관리하여 브랜드를 성장시
   키는 활동이다.

08 다음 중 초월(Beyond), 가상을 의미하는 단어와 우주를 의미하는 단어의 합성어로,
   코로나 이후에 소셜미디어 플랫폼에서 급속도로 진화하고 있는 분야를 나타내는
   용어는 무엇인가?
① 증강현실
② NFT
③ 가상현실
④ 메타버스

Chapter 03   2024년 제1회 기출복원문제

01 다음 중 소셜미디어의 특징으로 옳지 않은 것은?
① 소셜미디어는 웹 4.0시대에 등장한 개념이다.
② 개인의 생각이나 의견, 경험, 정보 등을 공유할 수 있다.
③ 누구나 콘텐츠를 만들고 알릴 수 있다.
④ 타인과 관계를 맺고 커뮤니티를 확장할 수 있다.

시행처 공개문제

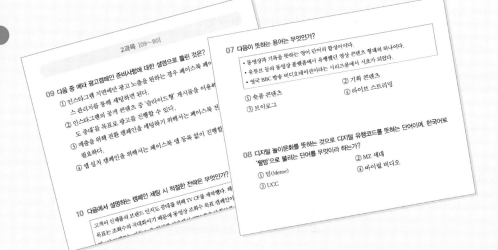

2과목 [09~80]

09 다음 중 메타 광고캠페인 준비사항에 대한 설명으로 틀린 것은?
① 인스타그램 지면에만 광고 노출을 원하는 경우 페이스북 페이
   스 관리자를 통해 세팅하면 된다.
② 인스타그램의 공개 콘텐츠 중 '슬라이드형' 게시물을 이용한
   도 중대를 목표로 광고를 진행할 수 있다.
③ 매출을 목표로 전환 캠페인을 세팅하기 위해서는 페이스북 전
   필요하다.
④ 앱 설치 캠페인을 위해서는 페이스북 앱 등록 없이 진행할

10 다음에서 설명하는 캠페인 세팅 시 적절한 전략은 무엇인가?
   고객이 신제품의 브랜드 인지도 증대를 위해 TV CF를 제작했다. 해
   목표는 조회수의 극대화이기 때문에 동영상 조회수 목표 캠페인이

07 다음이 뜻하는 용어는 무엇인가?
   • 동영상과 기록을 뜻하는 영어 단어의 합성어이다.
   • 동영상과 기록을 뜻하는 영상 콘텐츠 형태의 하나이다.
   • 유튜브 등의 동영상 플랫폼에서 유행했던 영상 콘텐츠가 시초가 되었다.
   • 영국 BBC 방송 비디오네이션이라는 시리즈물에서 시초가 되었다.
① 숏폼 콘텐츠   ② 기획 콘텐츠
③ 브이로그   ④ 라이브 스트리밍

08 디지털 놀이문화를 뜻하는 것으로 디지털 유행코드를 뜻하는 단어이며, 한국어로
   '짤방'으로 불리는 단어를 무엇이라 하는가?
① 밈(Meme)   ② MZ 세대
③ UCC   ④ 바이럴 비디오

11 정답 ①
해설 영향력 있는 개인을 활용해 입소문으로 브랜드나 제품을
방식을 인플루언서 마케팅이라고 한다.

12 정답
해설 메타 픽셀은 광고를 통해 웹사이트에서 발생하
스 코드를 말한다. 매장 방문, 전화 주문, 예약 등의 오프라
스템과 연결하는 도구는 오프라인 API이다.

13 정답 ②

해설 노출(impression)은 광고나 콘텐츠가 보이
수는 빈도(frequency)이다.

10 정답 ③
해설 메타는 2012년 인스타그램을, 2014
수했으며, 2023년에는 스레드(Threads)를
R. Musk)가 사명을 X(엑스)로 변경했다.

11 정답 ④
해설 비지

08 정답 ④
해설 메타버스는 초월, 가상을 의미하는 단어 M
의 합성어로 확장된 가상세계를 의미한다.

09 정답
해설 TV CF 영상을 페이스북에 이용하기
하여 사용하는 것이 좋다. 페이스북에서 사
동상시키고 15초 이내의 길이로 구성하는

10 정답 ④
해설 메타 광고의 구매 유형은 예
다, 광고의 낙찰가 입찰가와 추산 행
때문에, 광고 경매의 영향 요인이 u

11 정답 ④
해설 광고세트 단계에서는
산 및 일정을 설정한다.

08 정답 ①
해설 본래는 고대 그리스 가면극에서 배우들이 썼다가 벗
말로, 마케팅에서는 어떤 제품 혹은 서비스를 사용할만한 목표
용자 유형들을 대표하는 가상의 인물을 말한다. 세그먼트(∞
세분화하는 것을 말한다.

09 정답 ①
해설 인스타그램 지면에만 광고노출을 원할지라도
에 페이스북 페이지를 먼저 연결해야 한다. 인스타그
지도, 도달, 트래픽, 앱 설치, 잠재고객 확보, 카탈로
할 수 있다.

10 정답 ④
해설 브랜드 인지도 증대를 위해서는 조건
이 되기 위해서는 자동노출 위치와 자산 맞춤
를 사용하는 것이 좋다.

11 정답 ④

10 정답 ④
해설 도달결과를 예측하고, 고정된 노출당 비용으로 얼마의 광고비가 들지 계획 및 예측
할 수 있는 메타의 광고 구매 방식은 예약 구매(이전 명칭: 도달 및 빈도 구매)이다. 예약 구매
에서 주로 사용되는 구매 방식은 고정된 노출당 비용(Cost Per Mille: CPM)이다.

11 정답 ④
해설 캠페인은 하위 게세트수를 무제한으로 보유할 수 있는 것이 아니고, 최대 5,000개
까지만 보유 스북 계정 관리자가 할당된 경우는 10,000개

10 정답 ①
해설 컬렉션 광고에는 광고에 사용할 커버 이미지나 동영상이 필요하며, 그 아래에 3개
의 이미지로 구성되어 있기에 최소한 4개 이상의 제품 이미지 또는 제품이 들어있는 카탈로
그가 필요하다. 여기에 사용하기 적합한 크리에이티브 전략은 15초 동영상 및 전 제품의 카
탈로그를 연동하는 것이다. 가로 커버 이미지를 사용하는 것은 인스턴트 경험 및 전 제품의 카
션 광고에는 적합하지 않으므로 판매율이 높은 4개 상품으로 구성된 제품 세트를 활용한 컬렉
만 가로 커버 이미지를 사용한다는 점에서 잘못되었다.

11 정답 ④
해설 향후 크롬 등의 브라우저의 쿠키(Cookie) 지원 중단으로 타기팅에 활용할 데이터
의 수집은 점차 더 어려워질 전망이다. 전환 API는 서버, 웹사이트 플랫폼, 앱 또는 CRM의 마
케팅 데이터와 메타를 연결하는 도구로 쿠키 지원을 중단하는 상황에서 메타 픽셀, 메타 SDK
와 함께 사용하면 광고캠페인의 성과 및 측정할 수 있는 대안으로 제시되고 있다.

12 정답 ③
해설 커머스 관리자에서 카탈로그에 상품을 추가하는 주요 방법은 수동 업로드, 데이터
피드 사용, 픽셀 사용의 3가지이다. 카탈로그에 올려야 할 제품이 많고 자주 추가해야 한다면
픽셀을 사용하는 것이 좋고, 인벤토리가 작고 자주 변경될 것이 없다면 수동으로 업로드하는

정답 및 해설

차례

❖ 머리말　3
❖ 시험 안내　4
❖ 구성과 특징　7

PART 01 최신 기출복원문제

Chapter 01 2023년 제3회 기출복원문제　15
Chapter 02 2023년 제4회 기출복원문제　39
Chapter 03 2024년 제1회 기출복원문제　61
Chapter 04 2024년 제2회 기출복원문제　83

PART 02 시행처 공개문제

Chapter 01 A형 샘플문제　109
Chapter 02 B형 샘플문제　129

PART 03 정답 및 해설

Chapter 01 2023년 제3회 기출복원문제 정답 및 해설　151
Chapter 02 2023년 제4회 기출복원문제 정답 및 해설　165
Chapter 03 2024년 제1회 기출복원문제 정답 및 해설　177
Chapter 04 2024년 제2회 기출복원문제 정답 및 해설　190
Chapter 05 A형 샘플문제 정답 및 해설　203
Chapter 06 B형 샘플문제 정답 및 해설　217

PART 01
최신 기출복원문제

Chapter 01 2023년 제3회 기출복원문제
Chapter 02 2023년 제4회 기출복원문제
Chapter 03 2024년 제1회 기출복원문제
Chapter 04 2024년 제2회 기출복원문제

Chapter 01 | 2023년 제3회 기출복원문제

01 다음 중 소셜미디어와 매스미디어에 대한 설명으로 옳지 않은 것은?

① 매스미디어와 비교해 소셜미디어 콘텐츠는 더 넓은 도달범위를 갖는다.

② 매스미디어는 정보 전달이 양방향적으로 이루어지지만, 소셜미디어는 쌍방
향적 소통의 특성을 갖는다.

③ 매스미디어와 비교해 소셜미디어는 거의 즉각적인 반응을 얻을 수 있다.

④ 소셜미디어는 사회적 관계 형성의 측면에서 매스미디어보다 우위를 갖는다.

02 다음 중 소셜미디어의 동력이 되는 웹 2.0의 특징으로 적합하지 않은 것은?

① 공유　　　　　　　　② 참여

③ 집중　　　　　　　　④ 개방

03 다음 중 웹 2.0에서 소셜미디어의 유형으로 볼 수 없는 것은?

① 대화(Messaging)　　　② 공유(Sharing)

③ 협업(Collaboration)　　④ 보도(Reporting)

04 다음은 무엇에 대한 설명인가?

> 소셜미디어 플랫폼이나 웹사이트를 통해 제품이나 서비스 제고를 위한 것으로, 소셜미디어에서 콘텐츠의 유기적 트래픽 유입을 최적화하기 위한 마케팅 기법이다.

① 소셜미디어 마케팅(Social Media Marketing)
② 소셜미디어 최적화(Social Media Optimization)
③ 랜딩페이지 최적화(Landing Page Optimization)
④ 광고 자산 최적화(Ad Asset Optimization)

05 다음 중 초월, 가상을 의미하는 단어와 세계를 의미하는 단어의 합성어로 소셜미디어 플랫폼에 영향을 미쳐 2021년 페이스북 사명 변경에도 반영된 분야는 무엇인가?

① 메타버스   ② 증강현실
③ 가상현실   ④ NFT

06 다음 중 소셜미디어 시대의 소비자 행동을 설명하는 모델이 아닌 것은?

① AISAS   ② AIDA   ③ ASRAUV   ④ AISCEAS

07 한 기업의 소셜미디어 담당자가 브랜드 콘텐츠 마케팅 전략을 구상하고 있다. 다음 중 마케팅 전략으로 가장 적합하지 않은 것은?

① 인스타그램의 유기적 도달을 높이기 위해서 콘텐츠에 해시태그를 전략적으로 선택해서 사용했다.
② 긍정적인 여론을 형성하기 위해서 커뮤니케이션과 콜라보 프로모션을 진행했다.
③ 브랜드에 대한 리뷰 콘텐츠를 블로거들에게 요청하여 제작하고 배포했다.
④ 효율적인 리소스 관리를 위해서 유행하는 틱톡에만 집중했다.

08 메타가 탈중앙화 소셜미디어를 표방하며 새롭게 출시한 소셜미디어로, 등장부터 상당한 이용자 수를 얻은 것으로 알려진 소셜미디어는 무엇인가?

① 핀터레스트(Pinterest)   ② 스레드(Threads)
③ 인스타그램(Instagram)   ④ 스냅챗(Snapchat)

09 다음 중 캠페인의 성과를 나타내는 지표에 대한 설명으로 적절하지 않은 것은?

① 트루플레이(Thruplays): 동영상이 끝까지 또는 최소 15초 이상 재생된 횟수
② 도달(Reach): 전체 캠페인 동안 광고나 콘텐츠를 최소 한 번 이상 본 사람의 수
③ 유기적 도달(Organic Reach): 플랫폼에 드나들며 활동하는 사람들의 행동과 결과에 의해 게시물을 본 사람의 수
④ 노출(Impression): 이용자에게 동일한 광고나 콘텐츠가 반복되어 노출된 횟수

10 다음 중 메타와 관련 없는 것은 무엇인가?

① 왓츠앱(WhatsApp)   ② 오큘러스(Oculus)
③ X(엑스)   ④ 스레드(Threads)

11 다음 중 광고캠페인을 진행할 수 있도록 잘 정의된 비즈니스 목표는 무엇인가?

① 30~40대 여성을 타깃으로 광고영상 제작
② 충성고객 확대를 위한 앱 개발
③ 전분기 대비 브랜드 사이트 회원수 증대
④ 올해 4분기까지 전년 4분기 대비 동일 광고 비용으로 ROAS 400% 달성

12 다음 중 클라이언트의 비즈니스 목표를 설정하기 위해 먼저 알아보고 분석해야 할 사항이 아닌 것은?

① 기존 경쟁업체로 인한 변화 양상

② 이전 마케팅 활동의 상세 내용

③ 신규 캠페인을 위한 광고 크리에이티브 개발 여부

④ 클라이언트의 현 시장 점유율 등 시장에서의 위치

13 다음 중 Meta Business Suite에 대한 설명으로 옳지 않은 것은?

① 메타의 다양한 광고를 한 곳에서 관리를 할 수 있는 플랫폼이다.

② 비즈니스 관리 지원을 위해 대행사나 마케팅 파트너를 추가한다.

③ 광고 계정의 자산관리 기능은 제공하지 않는다.

④ 페이스북, 인스타그램 등에서의 비즈니스와 관련된 활동을 관리한다.

14 다음 중 Meta Business Suite의 인사이트를 통해 얻을 수 있는 정보가 아닌 것은?

① 인스타그램 계정의 팔로워 수와 인구통계학적 특성

② 계정, 플랫폼, 게시물 수

③ 리마케팅으로 진행한 광고캠페인의 성과

④ 게시물별 성과

15 다음 중 메타의 광고 관리자에서 캠페인을 신규로 설정할 때, 광고 수준에서 선택할 수 있는 것은?

① 광고 목표

② 광고 전환 추적 옵션

③ 광고 노출 위치 설정

④ 광고 예산 및 일정

16 다음 중 메타에서 광고 목표에 따라 이용 가능한 광고 최적화 방법으로 적합하지 않은 것은?

① 도달: 관심 있을 만한 타깃에게 최대한 여러 번 광고를 노출함

② 앱 홍보: 앱을 설치하고 계속해서 사용할 새로운 타깃에게 광고를 게재함

③ 광고 상기도 성과 증대: 광고를 본 것을 최대한 많은 사람이 기억하도록 광고를 게재함

④ 트래픽: 비즈니스의 모든 랜딩 페이지로 더 많은 잠재고객을 유도하고, 웹사이트 방문자 수를 늘리기 위해 광고를 게재함

17 다음 중 메타에서 광고를 집행한 결과를 설명한 것으로 적절하지 않은 것은?

① A/B 테스트에서 성과가 좋지 않은 광고보다 성과가 좋은 광고를 사용하면 광고비용을 낮출 수 있다.

② 모바일에 최적화되지 않은 크리에이티브에 비해 모바일에 최적화된 크리에이티브를 사용하면 행동당 비용(CPA)을 낮출 수 있다.

③ 전환 목표를 사용하는 소규모 비즈니스 광고주라면 광범위한 타기팅(위치, 연령 또는 성별)을 사용함으로써 전환율을 높일 수도 있다.

④ 크리에이티브 최적화를 사용해서는 광고 성과를 높일 수 없다.

18 다음 중 메타의 머신러닝에 대한 설명으로 적절하지 않은 것은?

① 머신러닝으로 클라이언트의 비즈니스 목표 설정이 가능하다.

② 머신러닝으로 타기팅 최적화가 가능하다.

③ 머신러닝으로 예산 배분 혹은 광고 입찰가의 최적화가 가능하다.

④ 머신러닝으로 유동성을 증대시키고, 광고주의 투자수익률을 증대시킬 수 있다.

19 다음 중 메타에서 제공하는 노출 위치 자산 맞춤화 기능에 대한 설명으로 틀린 것은?

① 노출 위치 자산 맞춤 설정을 사용하여 광고를 복제하는 경우, 기존의 공감, 댓글, 공유를 복제할 수 없다.

② 인지도나 전환 위치로 메시지 앱 또는 페이지를 사용하는 등의 일부 캠페인 목표를 사용할 수 없다.

③ 고객의 기본 언어 설정에 따라 자동 번역되어 제시된다.

④ 모바일과 데스크톱에 다른 자산을 사용할 수 있다.

20 다음 중 메타에서 크리에이터와 퍼블리셔가 콘텐츠를 수익화하기 위해 사용할 수 없는 콘텐츠는 무엇인가?

① 지역 차단 관리 설정이 되어 있는 페이스북 인스트림 광고

② 여러 언어로 제공되는 페이스북 인스트림 광고

③ 라이브 방송의 인스트림 광고

④ 메타에서 광고 형태로 제공하는 프리롤 광고가 포함된 인스트림 광고

21 다음 중 메타의 광고 타기팅 방식에 대한 설명으로 틀린 것은?

① 핵심 타기팅: 연령, 지역, 관심사 등의 기준에 따라 타기팅

② 맞춤 타기팅: 메타 사용자 중 온라인이나 오프라인에서 비즈니스에 반응을 보인 사람으로 타기팅

③ 유사 타기팅: 소스타깃을 기준으로 유사한 유저를 대상으로 타기팅하여 맞춤 타기팅 때보다 더 세분화되고 적은 사람들에게 도달 가능한 타기팅

④ 특별광고 타깃: 가장 가치 있는 고객과 유사한 행동을 하는 사람으로 타기팅

22 다음 중 메타의 리타기팅에 대한 설명으로 옳지 않은 것은?

① 리타기팅은 비즈니스에 반응을 보인 사람들을 먼저 찾는 것에서 시작된다.

② 웹사이트 방문자들을 리타기팅 하려면 메타 SDK를 먼저 설치해야 한다.

③ 시스템이나 이메일 리스트 등의 고객 CRM을 활용할 수 있다.

④ 오프라인 매장을 방문했던 고객들을 찾기 위해 리타기팅을 활용할 수 있다.

23 다음 중 메타에서 광고를 집행할 때 가장 먼저 할 일은 무엇인가?

① 적합한 광고 목표 설정

② 맞춤 타깃과 유사 타깃의 설정

③ 광고캠페인에 적합한 크리에이티브 설정

④ 광고 자동 노출 위치 설정

24 고객의 웹사이트 활동 데이터와 핵심 타깃을 조합하여 타기팅해 광고를 하고 있는 쇼핑몰이 있다. 거래량이 늘지 않고 CPA가 계속 상승하고 있다면 이 쇼핑몰이 선택할 수 있는 전략으로 적합한 것은 무엇인가?

① 판매 캠페인 선택, 노출 위치 확장, 핵심 타기팅

② 판매 캠페인 선택, 노출 위치 확장, 유사 타기팅

③ 트래픽 캠페인 선택, 노출 위치 확장, 핵심 타기팅

④ 트래픽 캠페인 선택, 노출 위치 확장, 유사 타기팅

25 다음 중 메타에서 설정할 수 있는 광고캠페인의 목표가 아닌 것은 무엇인가?

① 제품 판매 늘리기

② 트래픽 늘리기

③ 비즈니스의 새로운 고객 찾기

④ 최저 CPA 달성

26 다음 중 인스타그램의 광고에 대한 설명으로 적절하지 않은 것은?

① 광고 게재를 위해서는 먼저 프로필을 비즈니스 계정으로 전환해야 한다.

② 인스타그램 비즈니스 계정으로 전환하지 않더라도, 페이스북 페이지를 인스타그램에서 광고를 게재하는 데에 사용할 수 있다.

③ 인스타그램 광고를 집행하기 위해서는 반드시 인스타그램용 광고 소재를 만들어야만 한다.

④ 인스타그램에서는 인스타그램 피드, 스토리, 프로필 피드, 릴스, Shop 등에 광고를 게재할 수 있다.

27 다음 인스타그램 광고 노출 지면 중에서 Shop에 광고 노출이 어려운 캠페인 목표는 무엇인가?

① 브랜드 인지도   ② 트래픽 늘리기

③ 잠재고객 확보   ④ 판매

28 다음 중 판매를 광고 목표로 선택하고, 웹사이트 유입을 전환 위치로 설정했을 때 설정 가능한 전환 이벤트가 아닌 것은?

① AddToWishlist   ② AddToCart

③ AddPaymentInfo   ④ Schedule

29 다음에서 설명하고 있는 메타의 광고 형식은 무엇인가?

• 모바일 전용으로 제공되는 광고 형식으로, 시각적으로 몰입하여 제품과 서비스를 간편하게 찾고, 둘러보고, 구매할 수 있는 광고이다.
• 커버 이미지 또는 동영상과 그 뒤에 표시되는 3개의 제품 이미지로 구성되어 있다.

① 슬라이드   ② 컬렉션   ③ 인스턴트 경험   ④ 스토리

30 다음 중 메타에서 웹사이트나 앱 또는 인터넷에서 관심을 보인 사람들에게 적절한 제품을 자동으로 표시하는 어드밴티지＋카탈로그 광고(다이내믹 광고)를 위해서 필요한 사항이 아닌 것은 무엇인가?

① 메타 픽셀 또는 메타 SDK

② 제품 카탈로그

③ 비즈니스 관리자 계정

④ 동영상 광고

31 메타의 잠재고객을 위한 어드밴티지＋ 카탈로그 광고가 특히 도움이 되는 광고주의 업종이 아닌 것은?

① 자동차   ② 부동산

③ 금융   ④ 여행업계

32 다음 중 웹사이트/앱 이벤트, 오프라인 전환 등과 같은 마케팅 데이터와 메타의 시스템을 직접 연결하여 광고 타기팅을 최적화하고 결과 측정을 가능하게 하는 도구는 무엇인가?

① 전환 API   ② 메타 픽셀

③ 메타 SDK   ④ 메타 성과 기여

33 다음 중 맞춤 타기팅을 위해 메타가 제공하는 소스가 아닌 것은?

① CRM Data   ② 잠재고객용 양식

③ 인스타그램 계정   ④ 인스턴트 경험

34 다음에서 설명하고 있는 내용에 적합한 메타의 광고 구매 유형과 옵션 사항은 무엇인가?

> 아침 식사 대용 식품을 판매하는 한 광고주의 제품 광고를 타깃그룹에게 하루 중 특정 시간에만 보여 주고자 한다.

① 구매 유형 : 도달 및 빈도, 옵션 : 순차 게재
② 구매 유형 : 도달 및 빈도, 옵션 : 일정 예약
③ 구매 유형 : 경매, 옵션 : 순차 게재
④ 구매 유형 : 경매, 옵션 : 일정 예약

35 브랜드 캠페인을 진행하는 데 있어서 도달 및 빈도를 조절할 수 있는 광고를 구매할 계획이다. 다음 중 해당 광고캠페인에 적용할 게재 비용 방식으로 적합한 것은 무엇인가?

① CPC   ② CPA
③ CPV   ④ CPM

36 다음은 무엇에 대한 설명인가?

> • 크리에이터를 위한 공간으로, 채널의 인지도 관리, 채널 성장, 시청자와의 소통, 수익 창출 등 모든 활동을 한곳에서 관리할 수 있다.
> • 채널 대시보드에서 채널의 새로운 활동과 소식을 대략적으로 파악할 수 있으며, 최근 구독자도 확인할 수 있다.
> • 구독 정보를 공개로 설정한 구독자와 최근 28일 이내에 채널을 구독한 구독자는 표시되지만, 구독 정보를 비공개로 선택한 구독자와 계정이 정지되거나 스팸으로 확인된 구독자는 최근 구독자로 표시되지 않을 수 있다.

① 유튜브 스튜디오   ② 애널리틱스
③ 도달 플래너   ④ 비디오 빌더

37 다음 중 유튜브 파트너 프로그램(YPP)에 대한 설명으로 옳지 않은 것은?

① 크리에이터는 유튜브 채널 수익 창출 정책을 지속적으로 준수해야 한다.

② 유튜브 파트너 프로그램이 제공되는 국가 및 지역에 거주해야 한다.

③ 연결된 애드센스 계정을 보유하고 있어야 한다.

④ 조건이 갖춰지면 신청 없이도 유튜브 파트너 프로그램(YPP)에 자동으로 가입된다.

38 다음 중 유튜브에서 YPP를 통해 슈퍼챗이나 슈퍼스티커로 수익을 창출할 수 있는 크리에이터 채널의 조건으로 적합하지 않은 것은?

① 지난 90일간 공개 동영상 업로드 1회 이상

② 구독자 수 500명 이상

③ 지난 365일 동영상 시청 시간 3,000시간 이상

④ 지난 90일간 Shorts 동영상 조회수 300만 회 이상

39 다음 중 유튜브에서 크리에이터와의 실시간 채팅 중에 메시지를 눈에 띄게 표시하거나 강조하기 위해 구독자가 구입해 사용하는 것으로 크리에이터에게 수익이 될 수 있는 것은 무엇인가?

① 인스트림 광고

② 채널 멤버십

③ 상품 판매

④ 슈퍼챗(Super Chat) 및 슈퍼스티커(Super Sticker)

40 다음 중 유튜브 커뮤니티 가이드를 위반하지 않은 경우는 무엇인가?

① 사용자의 금융 정보 등을 피싱하는 웹사이트 또는 앱으로 연결되는 링크를 콘텐츠로 제작해 게시했다.

② 애완동물을 잔인하게 괴롭히는 콘텐츠를 재미를 위해 제작해 올렸다.

③ 처방전이 필요 없는 온라인 약국 링크를 콘텐츠에 포함해 올렸다.

④ 좋아하는 가수의 영상을 재생목록으로 묶어서 친구에게 공유했다.

41 다음 중 유튜브의 저작권 침해 처리 도구에 대한 설명으로 옳지 않은 것은?

① 저작권 소유자는 유튜브의 Content ID 시스템을 사용해 보유한 콘텐츠를 유튜브에서 간단하게 확인하고 관리할 수 있다.

② 저작권 침해 사실이 발견되면 저작권 소유자는 본인의 동영상과 일치하는 동영상 전체를 시청할 수 없도록 차단할 수 있다.

③ 동영상 시청을 차단하지 않고 계속 시청할 수 있도록 하되, 동영상에 광고를 게재해 수익을 창출하고 문제의 동영상 시청률 통계를 추적할 수 있다.

④ Content ID 소유권 주장을 통해 저작권 침해 사실이 발견되면 해당 동영상은 유튜브에서 바로 시청할 수 없게 된다.

42 다음 중 유튜브의 동영상 공개범위 설정에 대한 설명으로 옳지 않은 것은?

① 일부 공개로 설정하면 댓글 작성이 불가능하다.

② 모든 크리에이터는 동영상을 공개, 비공개 또는 일부 공개로 설정할 수 있다.

③ 18세 이상의 경우에는 기본적인 동영상 공개범위 설정이 공개로 설정된다.

④ 만 13~17세 크리에이터의 경우, 기본적인 동영상 공개범위 설정이 비공개로 설정된다.

43 다음 중 유튜브에서 수익을 창출할 수 있는 콘텐츠가 아닌 것은?

① 나의 하루에 대해 다룬 브이로그를 게재했다.

② 음반사가 유튜브의 Content ID 시스템을 통해 노래의 소유권을 주장한 노래를 커버해서 부른 영상을 게재했다.

③ 비디오 게임을 하거나 게임 시범을 보이는 콘텐츠를 올리기 위해서 사전에 게임 제작사를 통해 사용 권리를 허락받았다.

④ 좋아하는 아티스트의 라이브 콘서트 공연에 직접 가서 녹화해 영상으로 올렸다.

44 다음 유튜브의 계정 관리에 대한 설명으로 옳지 않은 것은?

① 구글 계정으로도 유튜브에 동영상 업로드, 재생목록 만들기를 할 수 있다.

② 채널 이름과 구분되는 고유하고 짧은 채널 식별자인 핸들은 유튜브 URL 역할을 대신한다.

③ 유튜브 채널이 없으면 공식적인 활동이 불가능하다.

④ 다른 사람에게 유튜브 채널 액세스 권한을 부여할 수도 있다.

45 다음 중 유튜브의 동영상 광고에 대한 설명으로 옳지 않은 것은?

① 건너뛸 수 없는 광고는 15초 이내 길이로 고객에게 전달하고자 하는 메시지를 전달할 수 있다.

② 건너뛸 수 있는 광고는 다른 동영상의 전후 또는 중간에 재생되는 광고로, 광고가 10초 동안 재생되고 나서 광고 건너뛰기 옵션이 표시된다.

③ 범퍼 광고는 잠재고객에게 짧고도 인상에 남는 메시지를 전달하여 브랜드의 인지도를 높일 수 있는 짧은 동영상 광고 형식으로 6초 이하로 되어 있으며, 사용자가 건너뛸 수 없다.

④ 아웃스트림 광고는 구글 동영상 파트너에서 운영하는 웹사이트 및 앱에 게재되는 광고를 말한다.

46 다음 중 유튜브의 아웃스트림 광고에 대한 설명으로 틀린 것은?

① 모바일 전용 광고이다.

② 구글 동영상 파트너에서 운영하는 웹사이트 및 앱에서만 게재되고, 유튜브에서는 사용할 수 없다.

③ 모바일에서 동영상 광고의 도달범위를 확장하여 더 많은 고객에게 도달하기 위해 사용할 수 있다.

④ 조회 가능 1,000회 노출당 비용(vCPM)을 기준으로 비용이 청구되므로 사용자가 전체 광고를 완전히 재생된 경우에 과금된다.

47 다음 중 유튜브의 마스트헤드 광고에 대한 설명으로 옳은 것은?

① 마스트헤드는 CPC 상품이다.

② 마스트헤드는 노출수를 기준으로 하여 노출당 비용을 지불하길 원하는 광고주에게 적합하다.

③ 마스트헤드는 구글애즈를 통해 게재 예약을 할 수 있다.

④ 원하는 비용만큼 집행할 수 없고, 타기팅이 불가능하다.

48 다음 중 유튜브의 범퍼 광고에 대한 설명으로 옳지 않은 것은?

① 짧고 인상적인 메시지를 전달하는 데 효과적인 광고이다.

② 모바일에 최적화된 광고이다.

③ 5초 이하로 되어 있으며, 사용자가 건너뛸 수 있다.

④ 영상 조회수에 반영되지 않는다.

49 다음 중 유튜브에서 '웹사이트 트래픽 증대'를 목표로 할 때에 설정한 광고 전략으로 바람직하지 않은 것은?

① 광고가 게재될 수 있는 위치로 유튜브와 구글 동영상 파트너를 모두 선택했다.

② 광고 소재에 클릭 유도 문구(CTA)를 포함해 클릭을 유도했다.

③ 광고 유형으로 건너뛸 수 있는 인스트림 광고를 설정했다.

④ 동영상 조회나 내 동영상과의 상호작용을 기준으로 광고 입찰가를 설정했다.

50 다음 중 구글의 광고캠페인 구조로 맞는 것은?

① 캠페인, 광고그룹, 광고

② 캠페인, 광고세트, 광고

③ 광고그룹, 광고

④ 광고세트, 광고

51 다음 중 유튜브에서 게재되는 컴패니언 배너에 대한 설명으로 옳지 않은 것은?

① 인스트림 광고 노출 시 이미지 오른쪽 상단에 함께 노출되는 광고이다.

② 컴패니언 광고는 이미지 배너 형태만 가능하다.

③ 인스트림 광고가 아니라 컴패니언 광고를 클릭해도 과금되며, 조회수로 반영된다.

④ 컴패니언 배너는 데스크톱에서만 표시된다.

52 다음 중 합성 잠재고객 세그먼트에 대한 설명으로 옳지 않은 것은?

① 메인 광고를 본 사람에게 서브 광고를 보여 주는 방식으로 진행된다.

② 키워드, URL, 앱을 입력해 원하는 세그먼트에 도달하는 방법을 결정할 수 있다.

③ 상세한 인구통계, 관심 분야 등 여러 세그먼트 속성을 교차하여 타기팅을 설정하는 것이다.

④ 제품과 관련된 특정 키워드, URL 및 앱을 포함한 맞춤 세그먼트를 설정할 수 있다.

53 다음 중 구글의 사용자 기반 타기팅이 아닌 것은 무엇인가?

① 확장된 인구통계 사용   ② 합성 세그먼트

③ 잠재고객 세그먼트   ④ 언어 타기팅

54 다음 중 콘텐츠 기반 타기팅 방식이 아닌 것은 무엇인가?

① 합성 세그먼트 타기팅   ② 주제 타기팅

③ 게재 위치 타기팅   ④ 키워드 타기팅

55 다음 중 유튜브의 품질평가점수에 대한 설명으로 옳지 않은 것은?

① 품질평가점수는 다른 광고주와 비교해 내 광고 품질을 파악할 수 있는 진단 도구이다.

② 품질평가점수는 1~10의 값으로 측정되며, 1에 가까울수록 품질평가점수가 높다.

③ 품질평가점수로 다른 광고주에 비해 내 광고 및 방문 페이지가 사용자에게 관련성이 높고 유용하다는 것을 알 수 있다.

④ 품질평가점수는 조회율(View Through Rate: VTR), 동영상 재생 진행률, CTR(노출수 대비 클릭수), 이전 광고 이력의 요소에 따라 점수가 결정된다.

56 '유튜브 셀렉트(Youtube Select) 기반 타기팅'은 다음 유튜브 광고 타기팅 유형 중 어떤 유형에 해당하는가?

① 사용자 기반 타기팅　　　② 콘텐츠 기반 타기팅

③ 사용자 행동 기반 타기팅　④ 합성 세그먼트 타기팅

57 다음은 무엇에 대한 설명인가?

> • 다수의 트루뷰 인스트림 및 범퍼 광고영상 사용 시 광고주가 원하는 순서대로 영상을 게재할 수 있는 경매형 상품으로, 스토리의 흐름에 따라 다수의 소재를 게재하여 스토리텔링이 필요한 캠페인이나 소재 피로도를 감소시키고자 하는 광고주에게 추천되는 상품이다.
> • 상호작용을 한 사용자에게 후속 영상을 노출하는 리마케팅과 달리, 여러 기준으로 광고 순서 설정이 가능하다.

① 디스커버리　　　　　② 비디오 광고 시퀀스(VAS)

③ 광고 균등 게재　　　④ 아웃스트림

58 다음 중 유튜브의 광고 정책에 의해 타기팅이 제한되는 분야가 아닌 것은 무엇인가?

① 대출　　　　② 주택 판매

③ 소매　　　　④ 채용(구인)

59 다음 중 유튜브 채널 내 영상 조회수에 반영되는 광고는 무엇인가?

① 건너뛸 수 있는 인스트림 광고

② 건너뛸 수 없는 인스트림 광고

③ 아웃스트림 광고

④ 유튜브 광고는 모두 영상 조회수에 반영된다.

60 다음 중 2개의 광고가 연달아 게재되는 동영상 광고가 허용되는 유튜브 내의 영상 콘텐츠의 길이는?

① 30초 이상　　② 1분 이상　　③ 3분 이상　　④ 5분 이상

61 다음 중 유튜브 광고를 진행하기 위한 광고 소재 설정에 대한 설명으로 잘못된 것은 무엇인가?

① 유튜브 광고를 진행하기 위해서 광고로 사용할 영상은 반드시 유튜브 채널에 업로드되어 있어야 한다.

② 광고 정책에 위반되지 않는 영상은 모두 광고 운영이 가능하다.

③ 광고 운영 전에 광고 정책을 위반하지 않는지를 확인하는 것이 중요하다.

④ 비공개, 예약 상태로 업로드한 것도 광고 소재로 사용할 수 있다.

62 다음 중 구글에서 제공하는 고객행동 및 성과 분석 도구로 GA추적코드(Google Analytics Tracking Code)를 분석대상 웹사이트에 삽입하면 사용자 행동 추적이 가능하고, 구글애즈와 연동해 자동화된 광고캠페인, 리마케팅 집행을 가능케 하는 것은 무엇인가?

① 구글 옵티마이저　　　　　　　② 구글 애널리틱스
③ 구글 Display & Video 360　　　④ 구글 태그매니저

63 다음 중 목표 타깃의 도달 범위 및 예산에 적합한 광고 포맷과 상품 조합 등이 가능한 구글애즈의 도구는 무엇인가?

① 브랜드 광고 효과 서베이(Brand Lift Survey)

② 도달범위 플래너(Reach Planner)

③ 구글 Display & Video 360

④ 크로스 미디어 인사이트(Cross Media Insight)

64 다음 중 유튜브 광고 성과 측정에 포함되지 않는 것은?

① 댓글 실적   ② 조회 실적

③ 클릭 실적   ④ 참여 실적

65 다음 중 유튜브 광고 성과에 대한 설명으로 옳지 않은 것은?

① RPM: 동영상 조회수 1,000회 당 벌어들인 수익을 나타내는 지표

② 순사용자 수: 일정 기간 광고를 본 총사용자 수

③ 참여율: 광고에서 발생한 참여수를 광고가 게재된 횟수로 나눈 값

④ 클릭률: 광고가 게재된 횟수를 광고에서 발생한 클릭수로 나눈 값

66 새로 출시한 신제품의 인지도를 높이는 것을 목표로 광고캠페인을 집행했다. 광고 캠페인의 성과 분석을 위해 중점적으로 살펴보아야 할 지표가 아닌 것은 다음 중 무엇인가?

① 노출수   ② 전환수

③ 도달범위 및 게재 빈도   ④ 고객 참여도

67 다음 중 유튜브 스튜디오에서 확인할 수 없는 것은 무엇인가?

① 동영상의 지난 48시간의 리얼타임 성과

② 동영상의 지난 60분간의 리얼타임 성과

③ 최고 수익 동영상

④ 영상을 시청하지 않고 건너뛴 시청자수

68 다음 중 구글애즈의 광고 보고서에 대한 설명으로 틀린 것은?

① 유튜브 동영상 광고에 대해 실시간으로 성과 지표를 확인할 수 있다.

② 광고 조회수, 노출수, 클릭수 등 다양한 수치의 확인이 가능하다.

③ 광고 소재별로도 상세 성과 지표를 확인할 수 있다.

④ 유튜브 동영상 광고의 당일 성과 지표는 일주일 후에 확인이 가능하다.

69 다음 중 카카오 광고캠페인의 구조로 적합한 것은 무엇인가?

① 캠페인 – 광고그룹 – 광고

② 캠페인 – 광고그룹 – 소재 만들기

③ 캠페인 – 광고세트 – 광고

④ 캠페인 – 광고 – 광고그룹

70 다음 중 카카오의 과금 방식에 대한 설명으로 옳지 않은 것은 무엇인가?

① 카카오 디스플레이 광고: CPC, CPM

② 카카오 비즈보드: CPMS

③ 카카오 비즈보드: CPT

④ 카카오 동영상 광고: CPV

71 다음 중 카카오 비즈보드에 대한 설명으로 옳지 않은 것은?

① 카카오 비즈보드는 카카오톡 채팅탭 최상단에 노출된다.

② 카카오 비즈보드는 모바일 환경에서만 노출된다.

③ 애드뷰, 챗봇과 비즈니스 폼, 카카오 커머스 플랫폼 등으로 다양한 랜딩 방식을 선택할 수 있다.

④ 카카오 비즈보드는 전환을 추적할 수 없다.

72 다음 중 카카오의 상품 카탈로그 광고에 대한 설명으로 옳지 않은 것은 무엇인가?

① 상품 정보를 연동하여 사용자에게 맞춤형 광고를 보여 주는 광고로, 카탈로그에 등록한 상품 세트 정보가 연동되어 최소 1개~최대 10개의 상품이 노출된다.

② 카카오 서비스의 모바일, PC 지면에 노출되는 광고 상품이다.

③ 전환을 목표로 하며, CPC 자동입찰 방식으로 과금된다.

④ 인구통계 기반의 타기팅만 가능하며, 맞춤 타깃은 불가능하다.

73 다음 중 카카오톡 채팅탭 내에서 아래에서 위로 상세 정보를 노출할 수 있는 랜딩 페이지로 화면 전체를 세로 이미지 혹은 세로형 동영상으로 채워지게 하는 카카오 비즈보드의 랜딩 유형은 무엇인가?

① 애드뷰

② 챗봇

③ 비즈니스 폼

④ 카카오 싱크

74 다음 중 카카오의 신규 상품인 카카오 비즈보드 CPT에 대한 설명으로 맞지 않은 것은 무엇인가?

① 카카오의 비즈솔루션을 활용해 다양한 랜딩 연결이 가능하다.

② 카카오톡 친구탭 내 주목도 높은 영역에 노출된다.

③ 카카오 비즈보드 CPT에서는 타기팅 설정이 불가능하다.

④ 기존 카카오 비즈보드의 사이즈(1029×258px)와 제작 가이드는 그대로 유지되었다.

75 다음 중 네이버 밴드에 대한 설명으로 옳지 않은 것은 무엇인가?

① 월간 1,800만 명의 순이용자가 활동하고 있는 대표적인 국내 SNS이다.

② 모바일용 앱 버전만이 존재한다.

③ 전년도 순이용자 현황을 보면, 50~60대 이용자 비중이 높다.

④ 네이버 블로그는 누구나 볼 수 있지만, 네이버 밴드는 가입한 사람들만 정보를 공유한다는 점에서 네이버 블로그와 차이가 있다.

76 다음 중 네이버 블로그, 네이버 포스트, 네이버 밴드에 광고 게재가 가능한 네이버의 광고 수익 시스템은 무엇인가?

① NOSP

② GFA

③ 애드포스트(AdPost)

④ 네이버애즈

77 다음 중 네이버 밴드의 광고 상품별 타기팅과 집행 방법에 대한 설명으로 옳지 않은 것은?

① 네이티브 광고와 스마트채널 광고는 대행사 외에 직접 운영이 가능하다.

② 네이티브 광고와 스마트채널 광고는 앱, 관심사 타기팅 외 맞춤 타깃 설정이 가능하다.

③ 풀스크린 광고는 성별, 시간, 디바이스 등 다양한 타기팅 방법이 가능하다.

④ 풀스크린 광고는 렙사와 대행사를 통해 집행할 수 있다.

78 다음 중 네이버의 스마트채널 광고에 대한 설명으로 적합하지 않은 것은 무엇인가?

① 스마트채널 광고의 타기팅 옵션은 네이티브(피드) 광고의 타기팅 옵션과 동일하다.

② 텍스트와 콘텐츠의 결합 형태로 노출된다.

③ 최소입찰가는 CPM 1,000원, CPC 10원(VAT 별도)이다.

④ 밴드 앱 홈, 새소식, 채팅 최상단에 노출된다.

79 다음에서 설명하는 매체는 무엇인가?

> • 대표적인 글로벌 SNS 중 하나로 2023년 7월 트위터에서 사명을 변경했다.
> • 타임라인 테이크오버, 트렌드 테이크오버, 트렌드 테이크오버＋ 등의 광고 상품이 있다.

① X(엑스)   ② 틱톡
③ 핀터레스트   ④ 스레드

80 다음 중 틱톡에 대한 설명으로 옳지 않은 것은?

① 틱톡은 중국의 바이트댄스가 모회사이다.
② 15초에서 1분 길이의 숏폼(Short-form) 비디오 형식의 영상이 게재된다.
③ 팔로우하는 영상이 개인의 관심사에 맞는 영상에 비해 우선적으로 노출된다.
④ 대표적인 글로벌 숏폼 비디오 플랫폼이다.

Chapter 02 | 2023년 제4회 기출복원문제

01 다음 중 웹 2.0의 시대의 특징으로 옳지 않은 것은 무엇인가?

① 전문 크리에이터만 콘텐츠를 만들 수 있다.

② 쌍방향 커뮤니케이션의 가능성이 가장 크다.

③ 누구나 콘텐츠를 만들고 알릴 수 있다.

④ 소셜미디어의 발달과 함께 프라이버시 문제가 사회 문제로 대두되고 있다.

02 다음 중 소셜미디어 마케팅에 대한 설명으로 옳지 않은 것은?

① 사용자의 관심사 사용자의 관심사나 위치 등에 따라 개별화가 쉽다.

② 소비자와 대화하여 피드백할 수 있다.

③ 브랜드 인지도를 높일 수 있다.

④ 방대한 사용자들이 참여하므로 유료로만 활용할 수 있다.

03 다음 중 소셜미디어 마케팅의 장점이 아닌 것은 무엇인가?

① 단기 제품 판매 극대화

② 콘텐츠를 통해 잠재고객 확보

③ 브랜드 인지도 향상

④ 전 국민을 대상으로 하는 매스마케팅 가능

04 다음 중 소셜미디어를 활용한 마케팅으로 적절하지 않은 것은?

① 신규 출시한 제품의 인지도 증대

② 웹사이트 방문자 증대

③ 오프라인 매장수 확보

④ 소비자들과 경험을 공유하고 커뮤니티 형성

05 다음 중 꾸준히 사랑받는 소셜미디어 콘텐츠를 만드는 방법에 대한 설명으로 옳지 않은 것은 무엇인가?

① 초반에 즐거움을 선사해 끝까지 시청하게 만든다.

② 스토리 구조를 패턴화하여 다음 순간에 어떤 장면이 나올지 기대감을 생성한다.

③ 트렌드에 맞는 주제를 바탕으로 콘텐츠를 만든다.

④ 유명 유튜브를 섭외하는 데 총력을 기울인다.

06 다음 중 기업의 소셜미디어 마케팅 활용 방법으로 가장 적절한 것은 무엇인가?

① 인스타그램 DM을 통해 고객들에게 무작위로 프로모션 내용을 보내 참여를 유도한다.

② 포털 사이트에서 이메일 주소를 수집하여 이메일 광고를 진행한다.

③ 이벤트 참여자가 많은 경우 당첨자 발표는 비공개로 진행한다.

④ 소비자가 관심을 가질 만한 콘텐츠를 올리고, 제품 관련 내용은 댓글로 소통한다.

07 다음 중 소셜미디어를 활용한 브랜드 콘텐츠 마케팅 전략으로 적절하지 않은 것은 무엇인가?

① 콘텐츠의 유기적 도달을 늘리기 위해 인스타그램에 계정을 만들었다.

② 파워블로거에게 리뷰 콘텐츠 제작을 요청했다.

③ 유튜버와 협업을 통해 제품에 대한 리뷰 관련 영상을 제작했다.

④ 국내 1위 메신저인 카카오톡의 카카오스토리를 통해 홍보했다.

08 다음 내용이 설명하는 소셜미디어 마케팅에 대한 용어로 적절한 것은 무엇인가?

> 1회 전환 시 발생하는 매출액의 가치를 말하며, 1회 구매 시 평균적으로 결제하는 금액인 객단가와 같은 의미로 사용한다.

① 전환가치   ② 판매가치   ③ 생애가치   ④ 고객가치

09 다음 중 메타의 실시간 경매 시스템(Real Time Bidding)의 낙찰 순서에 영향을 미치는 요소가 아닌 것은 무엇인가?

① 일예산   ② 추산 행동률

③ 입찰가   ④ 광고 품질

10 메타 광고 순위를 결정하는 총가치에 영향을 주는 요소 중 다음에서 설명하고 있는 요소는 무엇인가?

> • 광고에 반응을 보이거나 특정 광고로부터 전환되는 행동의 추정치를 말한다.
> • 광고를 진행했을 때 참여율이 높고, 반응이 좋은 과거 기록이 있을 때 높다고 판단된다.
> • 과거 기록이 없을 때는 메타의 평균 데이터로 진행한다.

① 일예산   ② 추산 행동률

③ 입찰가   ④ 광고 품질

11 다음에서 설명하는 마케팅은 무엇인가?

> 영향력 있는 개인을 활용하여 입소문으로 브랜드나 제품을 소개하고 공유하는 마케팅 방식을 말한다.

① 인플루언서 마케팅   ② 퍼널 마케팅

③ 퍼포먼스 마케팅   ④ 라이브 커머스 마케팅

12 다음 중 메타 픽셀을 사용할 때 이점이라고 볼 수 없는 것은?

① 광고를 노출하기에 알맞은 타깃 생성이 가능함

② 매장 방문, 전화 주문, 예약 등의 오프라인 이벤트 데이터를 연결함

③ 캠페인을 통해 유입된 사용자의 행동 분석이 가능함

④ 광고 전환 최적화를 통한 성과 증대에 효과적임

13 다음 중 메타에서 성과 측정을 위해 제공하는 데이터 소스 및 기능이 아닌 것은 무엇인가?

① 메타 픽셀   ② Web Site Search Console

③ 전환 API   ④ 메타 SDK

14 다음에서 설명하는 메타의 행동 추적 도구는 무엇인가?

> 서버, 웹사이트 플랫폼, 웹 또는 CRM의 마케팅 데이터를 메타의 광고 시스템에 연결하는 도구이다.

① 픽셀 & SDK   ② 메타 픽셀

③ 전환 API   ④ 메타 SDK

15 다음 중 메타에 맞춤 타깃 광고를 의뢰할 때 광고주가 제공하는 데이터 유형은 무엇인가?

① 인스타그램 계정   ② 제3자 데이터
③ 고객 리스트   ④ 통장 계좌

16 다음 중 인스타그램 스토리 광고 동영상 소재의 특징으로 옳지 않은 것은?

① 가장 적합한 화면비율은 9:16이다.
② 용량은 1GB까지 가능하다.
③ 길이는 최대 60분까지 가능하다.
④ 동영상 형식은 mp4, mov 파일을 권장한다.

17 다음 중 인스타그램 광고 소재에 대한 설명으로 옳은 것은? (단, 비율은 가로:세로 기준)

① 인스타그램 검색결과의 권장 사이즈는 9:16이다.
② 인스트그램 스토리의 권장 사이즈는 9:16이다.
③ 인스타그램 Shop의 권장 사이즈는 9:16이다.
④ 인스타그램 탐색탭의 권장 사이즈는 2:3이다.

18 다음 중 메타의 슬라이드 광고에 대한 설명으로 옳지 않은 것은 무엇인가?

① 가장 성과가 좋은 슬라이드(하이라이트 슬라이드)가 맨 앞에 가도록 어드밴티지＋ 크리에이티브에서 설정하면 카드 순서가 유저의 반응으로 바뀐다.
② 이미지 형식은 JPG 또는 PNG를 사용할 수 있다.
③ 인스타그램 피드의 동영상 길이는 최대 60초까지 사용할 수 있다.
④ 이미지는 최대 20개까지 등록할 수 있다.

19 다음 중 메타의 컬렉션 광고에 대한 설명으로 옳지 않은 것은?

① 인스턴트 경험 설정을 통하여 노출할 수 있다.

② 카탈로그 세팅이 되어 있을 때만 광고할 수 있다.

③ URL은 하나로 통일해야 한다.

④ 자동으로 순서 지정을 선택하면 유저의 반응으로 순서가 변경된다.

20 다음 중 광고를 집행하는 과정에서 일예산을 설정하였는데도 초과 과금이 발생하는 상황에 해당하지 않는 것은 무엇인가?

① 비용이 설정된 일예산에 근접했을 때 순간적으로 많은 클릭이 발생한 경우

② 자동입찰 시 입찰가와 하루 예산으로 설정한 금액이 최대 입찰 금액인 경우

③ 일예산이 다 소진되어 광고 노출이 중단되는 프로세스 중 클릭이 발생한 경우

④ 입찰 금액이 일예산 대비 지나치게 높은 경우

21 다음 중 애플의 ATT(App Tracking Transparency) 정책과 크롬 브라우저의 쿠키 지원 중단 정책 이후 메타에서 주력으로 사용하는 전환 추적 방식은 무엇인가?

① A/B 테스트   ② 전환 API

③ 고급매칭   ④ 페이스북 성과 기여

22 다음 중 Meta Business Suite의 광고 관리자의 특징에 대한 설명으로 옳지 않은 것은 무엇인가?

① 개인 계정과 비즈니스 계정이 별도로 존재한다.

② 개인 계정을 타인과 공유하여 사용할 수 있으므로 사용이 편리하다.

③ 페이스북, 인스타그램, 페이스북 메신저, 왓츠앱 등 다양한 플랫폼의 광고 관리가 가능하다.

④ 계정 전환 없이 통합적으로 광고를 관리할 수 있다.

23 다음 중 자사 웹사이트 쇼핑몰 고객 활동 데이터와 핵심 타깃을 조합해 타기팅하고 있는 한 업체가 있다. CPA는 상승하는 반면 매출이 늘지 않고 있다면, 이 업체가 취할 수 있는 적합한 전략은 무엇인가?

① 판매 캠페인 선택, 어드밴티지＋ 노출 위치, 웹사이트 리타기팅
② 판매 캠페인 선택, 어드밴티지＋ 노출 위치, 핵심 타기팅
③ 트래픽 캠페인 신택, 수동 노출 위치, 핵심 타기팅
④ 트래픽 캠페인 선택, 수동 노출 위치, 유사 타기팅

24 다음 중 정부 규제가 엄격한 기업이 Meta Business Suite의 노출 지면 옵션인 Audience Network 내의 특정 퍼블리셔/웹사이트에서 광고를 게재하지 않으려면, 가장 적절한 캠페인 세팅 전략은 무엇인가?

① 특정 퍼블리셔/웹사이트 차단 리스트와 함께 자동 노출 위치를 사용한다.
② 제외해야 할 웹사이트를 좋아할 만한 사용자는 제외하고 타기팅한다.
③ 페이스북과 인스타그램만 캠페인을 진행한다.
④ 노출 위치 중 Audience Network 선택을 해제하고 광고를 노출하지 않는다.

25 브랜드 캠페인 진행에 있어 도달 및 빈도를 조절하는 광고를 구매할 계획이다. 다음 중 해당 캠페인의 광고 게재 비용 방식으로 적합한 것은?

① CPM(Cost Per Mille)
② CPV(Cost Per View)
③ CPC(Cost Per Click)
④ CPA(Cost Per Action)

26 다음 중 비즈니스 설정에서 데이터 소스에 포함된 메뉴 항목이 아닌 것은 무엇인가?

① 카탈로그
② 맞춤 전환
③ 픽셀
④ 도메인

27 다음 중 Meta Business Suite에서 다양한 광고세트를 시나리오별로 구성하였고, 캠페인의 성과를 극대화하고자 한다면 이에 가장 적합한 예산 전략은 무엇인가?

① 어드밴티지 캠페인 예산을 이용해 광고세트들이 전반적으로 목표에 맞게 예산 분배가 되도록 최대화한다.

② 광고 기간 동안 수동으로 광고세트를 On/Off한다.

③ 캠페인의 각 광고세트에 동등하게 예산을 분배한다.

④ 성과가 가장 좋을 것 같은 광고세트에 예산을 가장 많이 할당한다.

28 다음 중 메타 비즈니스에서 다양한 디지털 인사이트와 마케팅 리서치 자료를 제공하는 도구는 무엇인가?

① 메타 Developers　　　　　　② 비즈니스 관리자

③ 이벤트 관리자　　　　　　　④ 메타 Foresight

29 다음 중 캠페인 목표를 판매로 선택하고, 전환 위치를 웹사이트로 선택했을 때 설정이 가능한 표준 이벤트가 아닌 것은 무엇인가?

① Purchase　　　　　　　　② Curbside

③ AddToCart　　　　　　　④ ViewContent

30 다음 중 메타 광고의 특별광고 카테고리에 해당하지 않는 것은 무엇인가?

① 고용　　　　　　　　　② 주택

③ 사회 문제　　　　　　　④ 교육

31 다음 중 메타 광고 관리자에서 맞춤 타기팅을 생성할 때, 플랫폼에서 제공하는 소스가 아닌 것은?

① 고객 리스트
② 페이스북 페이지
③ 인스타그램 계정
④ 동영상 시청

32 다음 중 페이스북과 인스타그램과 같은 모바일 플랫폼에 맞는 동영상 광고 제작에 대한 설명으로 적합하지 않은 것은 무엇인가?

① 광고 목표에 따라 360도 동영상을 활용할 수도 있다.
② 자막을 넣는 것이 더 좋다.
③ 세로 방향 동영상이 더 바람직하다.
④ 길이가 60초 이상인 긴 광고가 더 효과적이다.

33 다음 중 Meta Business Suite의 유사 타기팅에 대한 설명으로 옳지 않은 것은 무엇인가?

① 맞춤 타깃과 유사한 특성을 가진 사람들에게 광고를 노출할 수 있다.
② 유사 타깃의 규모는 1에 가까울수록 유사성은 높지만 범위가 좁아지고, 10에 가까울수록 유사성은 떨어지지만 범위가 넓어진다.
③ 고객가치(LTV)가 포함된 맞춤 타깃을 설정하면 가장 가치가 높은 고객과 가장 유사한 사람들로 구성된다.
④ 유사 타깃은 광고 시스템에서 기존에 설정한 성별, 연령, 지역 등의 타깃과 유사한 타깃을 말한다.

34 다음 중 페이스북에 대한 설명으로 옳지 않은 것은 무엇인가?

① 특정 지역 반경 내에 있는 타깃에게만 광고를 노출할 수도 있다.

② 음식점 템플릿을 활용하면 메뉴에 대한 리뷰 기능 설정이 가능하다.

③ 서비스 비즈니스 템플릿을 통해 페이스북 예약 기능으로 예약 관리가 가능하다.

④ 우리나라에서는 페이스북 Shop을 사용할 수 없다.

35 다음 중 Meta Business Suite의 광고 관리자에 대한 설명으로 옳지 않은 것은 무엇인가?

① 하나의 광고세트에 최대 100개의 광고를 보유할 수 있다.

② 지역 비즈니스의 경우 매장에서 너무 먼 지역에는 광고 노출을 제한할 수 있다.

③ 웹과 앱, 오프라인에서 전환 성과를 추적할 수 있다.

④ 광고를 진행하기 위해서는 페이스북 페이지가 필요하다.

36 다음 중 Meta Business Suite에 대한 설명으로 옳지 않은 것은 무엇인가?

① 페이스북, 인스타그램, 메신저, 왓츠앱 등의 광고를 통합 관리할 수 있다.

② 광고주 계정에 묶여 있는 다양한 소셜미디어의 게시물을 통합적으로 운영할 수 있다.

③ 게시물에 달린 댓글과 좋아요 등 커뮤니케이션을 한곳에서 관리할 수 있다.

④ 광고주의 비즈니스와 관련된 활동을 통합적으로 관리해 주는 유료 도구이다.

37 한 회사가 20개 정도의 계절 신상 제품을 출시하고, 이를 메타에서 광고를 진행하고자 할 때 적합한 광고 유형은 무엇인가?

① 슬라이드 광고   ② 컬렉션 광고

③ 풀스크린 광고   ④ 다이내믹 광고

38 다음 중 Meta Business Suite의 성과 측정 도구에 대한 설명으로 옳지 않은 것은 무엇인가?

① 전환 API는 광고주의 웹 또는 오프라인에서 발생하는 고객행동을 측정할 수 있다.

② 광고주의 인스타그램 계정에 메타 픽셀을 설치하여 광고 성과를 측정할 수 있다.

③ 오프라인 전환 API를 활용하면 오프라인 이벤트에 대한 광고 성과 측정이 가능하다.

④ 메타 SDK를 설치하면 광고 클릭 이후 앱에서 행동하는 소비자의 패턴을 파악할 수 있다.

39 유튜브 Shorts의 길이는 최대 몇 초인가?

① 5초　　　　　② 10초　　　　　③ 60초　　　　　④ 120초

40 다음 중 유튜브 범퍼 광고에 대한 설명으로 옳지 않은 것은 무엇인가?

① 최대 6초의 동영상 광고를 말한다.

② 타깃 CPM 방식으로 노출수를 기준으로 과금된다.

③ 건너뛸 수 있는 광고를 말한다.

④ 영상 조회수에 반영되지 않는다.

41 다음 중 유튜브의 광고 게재 순위에 영향을 미치는 입찰 시 광고 품질 판단 기준에 해당하지 않는 것은 무엇인가?

① 시청 위치　　　　　　　② 예상 클릭률(CTR)

③ 광고 관련성　　　　　　④ 예상 조회율

42 다음 중 유튜브 광고 게재 순위에 영향을 미치는 요소가 아닌 것은 무엇인가?

① 입찰가
② 사용자 검색의 문맥
③ 광고 순위 기준
④ 제품의 경쟁력

43 다음 중 아직 회원가입이나 구매 등 광고주가 원하는 전환이 이루어지지 않았으나 유튜브 광고를 조회하고 이벤트에 참여한 고객을 무엇이라고 하는가?

① 직접고객
② 잠재고객
③ 간접고객
④ 순사용자

44 다음 중 건너뛸 수 있는 인스트림 광고의 과금 방식에 대한 설명으로 적합하지 않은 것은 무엇인가?

① 제목, 배너, 링크 등 영상 내 다른 영역을 클릭하면 과금된다.
② 30초 이상의 영상은 30초 이상 시청을 완료해야 과금된다.
③ 30초 미만의 영상은 10초 이상을 시청해야 과금된다.
④ 5초 후에 건너뛸 수 있으며, 시청 시간 또는 클릭에 따라 과금된다.

45 다음 중 예약형 광고 상품이 아닌 것은 무엇인가?

① 유튜브 키즈 앱
② 유튜브 CPM 마스트헤드
③ 유튜브 프라임팩
④ 유튜브 인피드 광고

46 다음 중 브랜드 인지도를 목표로 하는 광고로 적절하지 않은 것은 무엇인가?

① 마스트헤드 광고
② 범퍼 광고
③ 컴패니언 광고
④ 인피드 광고

47 다음 중 유튜브 파트너 프로그램(YPP)에 참여하기 위한 조건으로 옳지 않은 것은 무엇인가?

① 글로벌 플랫폼이므로 전 세계 어디에서나 신청할 수 있다.

② 유튜브 채널 수익 창출 정책을 준수해야 한다.

③ 커뮤니티 위반 경고가 없어야 한다.

④ 구글 계정에 2단계 인증 사용을 설정해 두어야 한다.

48 다음 중 유튜브 커뮤니티 가이드를 위반하여 광고주 경고 또는 폐쇄될 수 있는 경우가 아닌 것은 무엇인가?

① 보안 인증을 하지 않은 경우

② 커뮤니티 규정을 위반한 경우

③ 폭력적이거나 노골적인 콘텐츠인 경우

④ 규제 상품이나 서비스를 판매하는 경우

49 다음 중 유튜브에서 자체 제품 판매 쇼핑 기능으로 수익을 창출하기 위한 조건으로 옳지 않은 것은 무엇인가?

① 애드센스에 가입

② 지난 1년 동안 공개 동영상 유효 시청 시간 3,000시간 이상

③ 지난 90일간 Shorts 동영상 조회수 300만 회 이상

④ 지난 1년 동안 공개 동영상 유효 시청 시간 2,000시간 이상

50 다음 중 유튜브 동영상을 업로드하기 위해서는 전화번호로 유튜브 계정에 대한 인증을 받아야 한다. 다음 중 인증을 받고 나서 바로 가능한 사항이 아닌 것은 무엇인가?

① Content ID 소유권 주장에 대한 항소

② 길이가 15분을 초과하는 동영상 업로드

③ 광고 수익 창출

④ 맞춤 썸네일 추가

51 다음 중 유튜브 동영상 도달범위 캠페인 유형에 대한 설명으로 옳지 않은 것은 무엇인가?

① 더 많은 순사용자에게 도달하도록 최적화되어 있다.

② 더 많은 고객에게 도달하기 위해 인피드 광고도 사용할 수 있다.

③ 인지도 및 구매 고려도를 높이기 위해 사용된다.

④ 판매, 리드, 웹사이트 트래픽 유도를 캠페인 목표로 선택할 때 사용할 수 있다.

52 다음 중 유튜브 동영상 썸네일로 사용이 가능한 것은 무엇인가?

① 노출이 많은 이미지

② 등장인물이 모자이크로 처리된 이미지

③ 폭력적인 이미지

④ 영상에 없는 내용을 볼 수 있다고 오해하게 만드는 이미지

53 다음 중 40초짜리로 건너뛸 수 있는 동영상 광고(트루뷰 인스트림 광고) 집행 시 과금되는 시점으로 옳은 것은 무엇인가?

① 전체 시청   ② 10초 시청

③ 20초 시청   ④ 30초 시청

54 다음 중 유튜브 홈페이지 최상단에 노출되며, 원하는 노출량만큼 구매해 노출하는 광고 상품은 무엇인가?

① 프라임팩   ② CPM 마스트헤드

③ 범퍼 광고   ④ 트루뷰 디스커버리 광고

55 다음 중 유튜브 키즈에 게재 가능한 영상이 아닌 것은 무엇인가?

① K-POP 아이돌 뮤직비디오 영상

② 아동을 타깃으로 하는 영상

③ 아동이 주 타깃은 아니지만, 아동이 많이 보는 영상

④ 동요, 따라 읽기 등 아동의 창의성을 높이는 영상

56 다음 중 유튜브 광고캠페인의 목표로 적절하지 않은 것은 무엇인가?

① 판매

② 트래픽

③ 제품 및 브랜드 구매 고려도

④ 리드

57 다음 중 유튜브 광고 중에서 건너뛸 수 없는 인스트림 광고에 대한 설명으로 옳지 않은 것은 무엇인가?

① 광고를 시청해야 동영상을 볼 수 있는 형태의 광고이다.

② 광고의 길이는 최대 30초이다.

③ 영상 조회수에는 반영되지 않는다.

④ 컴패니언 배너나 영상 썸네일을 함께 노출할 수 있게 선택할 수 있다.

58 다음 중 유튜브에서 광고그룹에서 타기팅이 가능한 유형이 아닌 것은?

① 사용자 기반   ② 콘텐츠 기반

③ 콘텐츠 주제 기반   ④ 사용자 성격 기반

59 다음 중 광고 없이 유튜브 영상을 보는 서비스는 무엇인가?

① 유튜브 넷플릭스

② 유튜브 프리미엄

③ 유튜브 플레이

④ 유튜브 프라임 비디오

60 다음 중 건너뛸 수 있는 인스트림 광고에 적용되는 가장 일반적인 과금 방식은 무엇인가?

① CPC(Cost Per Click)

② CPA(Cost Per Action)

③ CPM(Cost Per Mille)

④ CPV(Cost Per View)

61 다음 중 유튜브 광고의 특정 기기 타기팅에 대한 설명으로 옳지 않은 것은 무엇인가?

① 특정 통신사만 타기팅할 수 있다.

② 특정 브랜드의 TV에 송출되는 유튜브에만 노출할 수 있다.

③ 기본 설정은 게재가 가능한 모든 기기에 노출할 수 있다.

④ 특정 모바일 운영 체제만 선택해 타기팅할 수 있다.

62 다음 중 유튜브 크리에이터 광고 설정에 대한 설명으로 옳지 않은 것은 무엇인가?

① 사용자가 광고를 직접 삽입할지 또는 자동으로 삽입할지를 결정할 수 있다.

② 크리에이터가 동영상에 수익 창출 여부 사용을 설정해야 광고가 게재된다.

③ 광고는 프리롤, 미디롤, 포스트롤로 나갈 수 있다.

④ 유튜브 파트너 프로그램에 가입하면 모든 영상에 광고를 게재할 수 있다.

63 다음 중 유튜브의 상세 타깃에서 설정할 수 있는 항목이 아닌 것은 무엇인가?

① 구매 예산 　　　　　　　② 성인 타깃

③ 주제 타깃 　　　　　　　④ 관심사 타깃

64 다음 중 광고 소재 목적으로 제작하여 유튜브 채널에는 노출을 원하지 않는다면 유튜브 영상의 공개범위로 무엇을 선택하면 되는가?

① 일부 공개 영상 　　　　　② 예약 영상

③ 비공개 영상 　　　　　　④ 회원 전용 영상

65 다음 중 유튜브 광고에 관한 내용으로 옳지 않은 것은 무엇인가?

① 노출 빈도 제한은 동일한 사용자에게 게재되는 횟수를 제한하는 기능이다.

② 노출 빈도와 조회 빈도는 함께 사용할 수 없다.

③ 노출 빈도와 조회 빈도는 일, 주, 월 단위로 조정할 수 있다.

④ 조회 빈도 제한은 동일한 사용자가 광고를 조회하는 횟수를 제한하는 기능이다.

66 다음 중 유튜브 스튜디오에서 확인할 수 있는 내용으로 옳지 않은 것은 무엇인가?

① 조회 기간의 인기 콘텐츠, 실시간 인기 콘텐츠 등을 집계한다.

② 채널 조회수, 시청 시간, 구독자, 예상 수익 등을 관리한다.

③ 저작권 문제없이 사용할 수 있는 다양한 비디오를 제공한다.

④ 유튜브에서 수익 창출 기능을 신청 및 관리한다.

67 다음 중 디지털 콘텐츠 라벨에 관한 내용으로 옳지 않은 것은 무엇인가?

① DL-G: 전체 시청가로 모든 연령대에 적합한 콘텐츠

② DL-MA: 성인 시청가로 알코올, 도박, 성적인 콘텐츠를 제외한 성인에게만 적합한 콘텐츠

③ DL-T: 청소년 시청가로 청소년 이상의 연령대에 적합한 콘텐츠

④ DL-PG: 보호자 동반 시청가로 대부분의 연령대에 적합한 콘텐츠

68 다음 중 동영상 액션 캠페인에 대한 설명으로 적합하지 않은 것은 무엇인가?

① 웹사이트에 전환 추적을 설정하고, 구글 태그가 세팅된 후 사용할 수 있다.

② 전환가치 극대화 입찰 전략은 설정 즉시 사용할 수 있다.

③ 사이트 링크, 제품 피드 등을 추가하면 다양한 방문을 유도할 수 있다.

④ 사용자에게 가장 관련성 높은 광고 조합을 노출하는 방법이다.

69 다음 중 카카오 비즈보드의 랜딩 페이지로 적합하지 않은 것은 무엇인가?

① 챗봇

② 톡캘린더

③ 톡체크아웃 구매

④ 네이버 블로그

70 다음 중 카카오 디스플레이 광고에 대한 설명으로 적절하지 않은 것은 무엇인가?

① CPC, CPM 방식으로만 과금된다.

② 한 장 또는 슬라이드 형태의 여러 이미지를 사용할 수 있다.

③ 선택이 가능한 광고 목표는 전환과 방문 2가지이다.

④ 다양한 타깃 옵션을 통해 최적의 오디언스를 찾을 수 있다.

71 다음 중 카카오모먼트의 광고 과금 방식에 대한 설명으로 옳지 않은 것은 무엇인가?

① CPC 자동입찰은 광고그룹 일예산 내 최대한 많은 클릭을 발생시킬 수 있도록 입찰 금액을 자동으로 설정하는 방식이다.

② CPM은 1,000회 노출당 과금되는 방식이다.

③ CPT는 원하는 타깃 단위로 구매하는 방식이다.

④ CPV는 동영상 1회 재생당 과금하는 방식이다.

72 다음 중 카카오모먼트의 CPMS 과금 방식에 대한 설명으로 옳은 것은 무엇인가?

① 1천 회 노출당 과금 방식으로 Cost Per Milles의 약자이다.

② 방문수나 노출수 등 일정한 목표에 따라 과금되는 방식으로, Cost Per Milles Stone의 약자이다.

③ 모먼트에 쌓아 둔 마일리지에 따라 과금되는 방식으로, Cost Per Mileage의 약자이다.

④ 발송당 과금 방식으로, Cost Per Message의 약자이다.

73 카카오모먼트 CPA 과금 방식에 대한 설명으로 옳지 않은 것은 무엇인가?

① CPA 비용 목표 설정은 목표하는 CPA 평균 비용을 유지하는 과금 방식이다.

② CPA 과금 방식은 광고 효율에 맞게 입찰이 자동 조정되므로 설정한 예산을 초과하지 않는다.

③ CPA는 클릭으로부터 24시간 이내에 발생한 친구 추가에 대해서 과금된다.

④ 디스플레이, 비즈보드 유형의 전환 목표(광고 목표 설정: 카카오톡 채널) 캠페인에만 제공된다.

74 다음 중 네이버 밴드 스마트채널의 타기팅 방식에 해당되지 않는 것은 무엇인가?

① 맞춤 타깃   ② 관심사 타기팅
③ 오디언스 타기팅   ④ 리타기팅

75 다음 중 네이버 밴드의 네이티브 광고를 운영할 수 있는 광고 시스템은 무엇인가?

① 네이터 비즈센터
② 네이버 파트너센터
③ 네이버 NOSP
④ 네이버 GFA

76 다음 중 네이버 밴드의 알림 광고를 운영할 수 있는 광고 시스템은 무엇인가?

① 네이버 파트너센터
② 네이터 비즈센터
③ 네이버 NOSP
④ 네이버 GFA

77 다음 중 네이버 밴드 풀스크린 광고에 대한 설명으로 옳지 않은 것은 무엇인가?

① 1일 고정가 방식으로 운영된다.

② iOS와 안드로이드를 선택하여 노출할 수 있다.

③ 다른 광고와 달리 성별 타기팅만 가능하다.

④ 앱을 닫을 때 팝업 형식으로 광고가 나타나는 광고이다.

78 다음 중 네이버 밴드의 스마트채널 광고에 대한 설명으로 옳지 않은 것은 무엇인가?

① 밴드 영역 상단에 고정 노출로 주목도를 높일 수 있다.

② 밴드앱 홈, 새소식, 채팅탭 최상단에 노출된다.

③ 최소입찰가는 부가세를 포함하여 CPM 110원이다.

④ 타기팅 옵션은 네이티브 피드 광고와 동일하다.

79 다음 중 X(엑스)의 광고 상품에 대한 설명으로 옳지 않은 것은 무엇인가?

① 엠플리파이 프리롤은 동영상 콘텐츠를 시청하기 전에 15초짜리 영상이 노출되는 광고이다.

② 버티컬 비디오 광고는 세로형 풀사이즈 영상 광고이다.

③ 다이내믹 프로덕트 광고는 고객 행동 기반 맞춤 상품 노출 광고이다.

④ 플레이어블 광고는 다운로드 전에 앱 내용을 미리 볼 수 있는 동영상 광고이다.

80 다음 중 틱톡 광고에 대한 설명으로 옳지 않은 것은 무엇인가?

① 탑뷰는 앱을 열 때 처음 보이는 5초부터 최대 60초짜리의 광고이다.

② 스파크 애즈는 검색결과나 틱톡 게시물에 노출되는 네이티브 형식의 광고이다.

③ 타임라인 테이크오버는 6시간 동안 타임라인 첫 화면에 독점으로 노출되는 광고이다.

④ 인피드 광고는 추천 피드에 표시되는 전체화면 광고이다.

Chapter 03 | 2024년 제1회 기출복원문제

01 다음 중 소셜미디어의 특징으로 옳지 않은 것은?

① 소셜미디어는 웹 4.0시대에 등장한 개념이다.

② 개인의 생각이나 의견, 경험, 정보 등을 공유할 수 있다.

③ 누구나 콘텐츠를 만들고 알릴 수 있다.

④ 타인과 관계를 맺고 커뮤니티를 확장할 수 있다.

02 다음의 소셜미디어 중 짧은 포맷의 영상 콘텐츠를 업로드하는 소셜미디어 플랫폼 중 하나로 중국 기업이 만든 것은 무엇인가?

① 인스타그램   ② 틱톡

③ 유튜브   ④ X(엑스)

03 다음 중 소셜미디어 플랫폼별 특징에 대한 설명으로 올바르지 않은 것은?

① 할인 쿠폰 발행 및 배포는 페이스북보다 스냅챗이 효과적이다.

② 인스타그램은 다양한 필터 기능을 가지고 있다.

③ 네이버 밴드는 동일한 취향과 취미를 가진 사람들이 소통하기에 적합하다.

④ 크리에이터가 수익을 창출하기에는 유튜브가 적합하다.

04 기업 소셜미디어 담당자가 브랜드 콘텐츠 마케팅 전략을 다음과 같이 구성하고 있다. 가장 적합하지 않은 마케팅 전략은 무엇인가?

① 타깃 오디언스가 즐겨 검색하는 단어를 이용한 커뮤니티 해시태그를 활용한다.

② 이미지와 영상을 활용한 트렌디한 콘텐츠를 타깃에게 노출한다.

③ 인스타그램의 경우 브랜드 컨셉을 보여 주는 계정을 별도로 운영한다.

④ 광고주의 콘텐츠를 통합적으로 관리해 주는 프로그램을 유료로 사용한다.

05 다음 중 소셜미디어 마케팅의 특징으로 옳은 것은 무엇인가?

① 광고와 홍보의 경계는 예전보다 더욱 확실해졌다.

② 브랜디드 콘텐츠가 더 중요해졌다.

③ 온라인 구전 효과 역할이 감소되었다.

④ 고객 참여와 상호작용이 약화되었다.

06 다음 중 소셜미디어에 대한 설명으로 옳지 않은 것은?

① SNS는 소셜미디어의 강력한 축을 차지하고 있다.

② 관계 형성 측면에서 매스미디어보다 우위를 갖는다.

③ 세계 최초의 소셜미디어는 페이스북이다.

④ 소비자가 관심이 있는 콘텐츠를 올리고 소통할 수 있다.

07 다음 중 소셜미디어를 활용한 마케팅 전략으로 옳지 않은 것은 무엇인가?

① 콘텐츠의 유기적 도달을 높이기 위해 인스타그램에 브랜드 계정을 만들어 따로 운영했다.

② 카카오 스토리보다는 MZ세대에게 적합한 인스타그램 스토리를 활용하는 것이 더 효과적이다.

③ 소셜미디어 최적화를 위해 SNS 광고만을 활용한다.

④ 소셜미디어 최적화와 검색엔진 최적화의 연관성은 높다.

08 한 기업의 소셜미디어 담당자가 MZ세대를 겨냥한 콘텐츠 마케팅 전략을 기획하고 있다. 다음 중 가장 적합하지 않은 마케팅 전략은 무엇인가?

① 인스타그램의 브랜드 컨셉을 보여 주는 계정과 인플루언서 계정을 분리하여 운영했다.

② 긍정적인 제품 리뷰 콘텐츠를 블로거들과 협력하여 제작하여 배포했다.

③ 긍정적인 여론 형성을 위해 브랜드와 협력하여 프로모션을 진행했다.

④ 효율적인 인력 리소스 관리를 위해서 카카오톡 광고에만 집중하는 전략을 사용했다.

09 다음 중 메타의 슬라이드 광고에 대한 설명으로 옳지 않은 것은?

① 최대 10장의 이미지 혹은 동영상을 올릴 수 있으며, 제목, 설명, URL 등은 슬라이드별로 지정할 수 있다.

② 슬라이드를 통해 매력적인 스토리를 전달할 수 있다.

③ 10장의 슬라이드를 만들었어도 연결 URL을 하나로 통일해 설정할 수도 있다.

④ 가장 성과가 좋은 슬라이드는 맨 뒤에 두어야 반응률을 끌어올릴 수 있다.

10 어느 기업의 브랜드에서 다음과 같은 계획으로 메타에 광고를 진행하고자 한다. 적합한 광고 구매 방식은 무엇인가?

> 브랜드 A는 광고에 대한 도달과 광고 비용 지출의 예측을 중요하게 여긴다. 예산이 한정되어 있으므로 선택한 기간 내에 타깃 고객에게 빈도를 기준으로 광고를 집행하길 원한다.

① CPC   ② CPA

③ CPL   ④ CPM

11 다음 중 메타 광고 관리자에 대한 설명으로 옳지 않은 것은?

① 광고 만들기는 광고캠페인 – 광고세트 – 광고 만들기 순으로 되어 있다.

② 캠페인 목표에 따라 옵션이 달라질 수도 있다.

③ 상세 타기팅에서 관심사 설정 시 상위 조건을 선택하면 하위 조건이 선택된다.

④ 캠페인은 하위 광고세트 수를 무제한으로 보유할 수 있다.

12 다음 중 메타에서 지원하는 광고 형식에 대한 설명으로 적합하지 않은 것은?

① 스토리에는 스티커나 인터액티브 요소를 활용하여 참여를 유도하는 것이 좋다.

② 페이스북의 인스트림 동영상 광고는 세로형(버티컬)이 적합하다.

③ 뉴스 피드 또는 인스타그램 피드는 1:1 또는 4:5 비율의 이미지나 동영상이, 메신저의 이미지 광고는 1.91:1 이미지가 적합하다.

④ 광고가 포함된 동영상이 모두 표시되도록 16:9 비율의 가로형을 사용하는 것이 적합하다.

13 다음 중 비즈니스 성장을 위해 사용할 수 있는 메타의 앱에 관한 설명으로 옳지 않은 것은 무엇인가?

① 왓츠앱(WhatsApp)은 고객과 소통에 도움이 된다.

② 페이스북은 비즈니스 페이지를 사용해 광고할 수 있다.

③ 인스타그램은 사진과 동영상을 공유하며 새로운 관계를 만들 수 있다.

④ 페이스북 메신저를 통해 더 많은 신규 고객을 확보할 수는 없다.

14 다음 중 애플의 앱 추적 방식 투명화 정책 이후 메타에서 주력으로 사용하고 있는 전환 추적 방식은 무엇인가?

① 고급 매칭   ② 전환 API

③ 머신러닝   ④ 페이스북 픽셀

15 다음 중 메타 픽셀을 사용할 경우. 광고주가 얻을 수 있는 이점이 아닌 것은?

① 광고를 노출하기에 알맞은 타깃을 찾을 수 있다.

② 사람들이 광고를 보고 난 후의 결과를 측정해 광고의 성과를 파악할 수 있다.

③ 캠페인을 통해 유입된 사용자의 행동 분석이 가능하다.

④ 매장 방문, 전화 주문, 예약 등의 오프라인 이벤트 데이터를 연결할 수 있다.

16 다음 중 메타의 커머스 관리자에 대한 설명으로 옳지 않은 것은?

① 메타 페이로 결제할 수 있다.

② 페이스북과 인스타그램에서 판매할 상품을 등록하고 제품 판매를 관리하는 도구이다.

③ 제품은 물론 여행, 부동산, 자동차 등의 거래 가능한 서비스를 등록하고 관리할 수 있다.

④ 파트너 플랫폼을 통해서도 제품 업로드가 가능하다.

17 다음 중 메타에서의 성과 측정을 위해 제공하는 데이터 소스 및 기능이 아닌 것은?

① 메타 픽셀   ② 전환 API

③ 메타 SDK   ④ 도달범위 플래너

18 홈페이지에 전환 픽셀 스크립트를 설치하여 인스타그램에 광고를 집행하는 업체가 있다. 이 업체의 매출 증대를 위한 캠페인 목표와 최적화 기준으로 가장 적절한 것은 무엇인가?

① 판매 캠페인 목표 및 가치 최적화 기준

② 판매 캠페인 목표 및 최저 예산 기준

③ 트래픽 캠페인 목표 및 가치 최적화 기준

④ 트래픽 캠페인 목표 및 랜딩페이지 조회 최적화 기준

19 다음 중 메타의 광고 경매에서 순위 낙찰에 영향을 미치는 요소가 아닌 것은 무엇인가?

① 광고 입찰가   ② 추산 행동률

③ 광고 관련성과 광고 품질   ④ 입찰 조정 방식

20 다음 중 Meta Business Suite 특징에 대한 설명으로 옳은 것은?

① 페이스북, 인스타그램은 통합 관리가 가능하지만 왓츠앱은 별도의 계정이 필요하다.

② 광고주의 비즈니스와 관련된 활동을 한곳에서 관리할 수 있는 유료 도구이다.

③ 페이스북과 인스타그램 피드 게시물을 운영하기 위해서는 브랜드마다 계정을 각각 만들어야 한다.

④ 받은 메시지함 관리 기능을 활용해 자주 묻는 질문(FAQs)에 자동 답변이 달리도록 설정해 시간 절약이 가능하다.

21 다음 중 인스타그램 광고를 관리하기 위해 Meta Business Suite를 사용할 때의 특징으로 옳지 않은 것은?

① 광고주는 반드시 자신의 인스타그램 계정으로 직접 광고를 운영해야 한다.

② 하나의 계정으로 다양한 플랫폼을 통제할 수 있다.

③ 광고는 물론 전자상거래와 콘텐츠까지 모두 관리가 가능하다.

④ 페이스북과 인스타그램을 하나의 광고 계정에서 관리할 수 있다.

22 다음 중 메타에서 설정 가능한 비즈니스 목표가 아닌 것은 무엇인가?

① 최대 관심 유도   ② 최저 CPM

③ 인지도   ④ 트래픽

23 다음 중 오프라인에서 발생하는 매출에 대한 영향력을 추적하고 싶다면, Meta Business Suite에서 활용을 고려해 보아야 할 기능은 무엇인가?

① 메타 픽셀

② 메타 SDK

③ 메타 오프라인 전환 API

④ 프리미엄 로그 분석 서비스

24 다음 중 인스타그램 스토리에 대한 설명으로 옳지 않은 것은?

① 스토리를 사용해 브랜드의 친근한 모습을 보여 줄 수 있다.

② 스토리에서는 세로 방향의 이미지나 동영상을 공유할 수 있다.

③ 스토리는 전체화면으로 노출된다.

④ 스토리는 인스타그램 피드 상단에 노출되고, 48시간 동안 지속된 후에 사라진다.

25 다음 중 메타의 광고 타기팅 방식에 대한 설명으로 옳은 것은?

① 맞춤 타기팅: 메타 사용자 중에서 광고주의 기존 고객들을 찾을 수 있는 타기팅 방식

② 특별광고 타기팅: 고객 리스트를 기반으로 모든 광고 카테고리에서 적용 가능한 타깃

③ 유사 타기팅: 핵심 타깃과 동일한 특성을 가진 사용자를 타깃으로 생성

④ 핵심 타기팅: 광고주의 고객 리스트를 활용한 타깃

26 다음 중 메타에서 광고 성과를 극대화하고자 할 때 가장 적합한 예산 전략 방안은 무엇인가?

① 성과가 가장 좋을 것 같은 광고세트에 예산을 가장 많이 할당한다.

② 캠페인의 각 광고세트에 동일하게 예산을 분배한다.

③ 광고 게재 기간에 수동으로 광고세트를 ON/OFF한다.

④ 어드밴티지 캠페인 예산을 사용해 광고세트들이 캠페인 목표에 맞게 예산 분배가 되도록 최적화한다.

27 다음 중 페이스북 및 인스타그램의 컬렉션 광고에 대한 설명으로 옳지 않은 것은?

① 모바일 전용이다.

② 제품의 노출은 쉽지만, 구매 연결은 불가능한 광고 형식이다.

③ 카탈로그와 연동하여 다양한 제품 세트를 손쉽게 노출할 수 있다.

④ 광고 클릭 후 페이스북이나 인스타그램을 이탈하지 않고 제품을 쉽게 둘러볼 수 있다.

28 다음 중 메타의 광고 유형 중에서 카탈로그가 필요한 광고 유형은 무엇인가?

① 컬렉션 광고　　② 슬라이드 광고　③ 이미지 광고　　④ 동영상 광고

29 다음 중 메타의 Shop에 대한 설명으로 옳지 않은 것은 무엇인가?

① 페이스북 비즈니스 페이지와 인스타그램 비즈니스 계정에서 상품 판매가 가능하다.

② 다른 파트너 플랫폼에서 이미 판매 중인 제품을 가져오고 동기화할 수 있다.

③ 커머스 관리자를 통해 페이스북과 인스타그램의 Shop을 설정할 수 있다.

④ Shop에서의 결제는 모든 나라에서 가능하다.

30 다음 중 메타의 커뮤니티 규정의 목표와 가치가 아닌 것은?

① 개인 뉴스는 제한 없이 표현의 자유 보장

② 개인정보와 사생활 보호

③ 인간 존엄성과 권리 보장

④ 콘텐츠의 진실성 보장

31 다음 중 메타의 광고캠페인에서 설정할 수 있는 메타 픽셀의 표준 이벤트값으로 옳지 않은 것은?

① ViewContent   ② AddToCart

③ Purchase   ④ CheckOut

32 다음 중 메타의 광고 게재 시스템에서 캠페인의 유동성이 최적의 상태로 설정되었을 때 예상되는 이점이 아닌 것은?

① 머신러닝을 통해 웹사이트에 방문 가능성이 높은 핵심 타깃의 데이터를 얻을 수 있다.

② 머신러닝을 통해 캠페인의 새로운 타깃을 파악하는 데 도움을 얻을 수 있다.

③ 타깃 A/B 테스트를 통해 예산 배분 예측치를 파악할 수 있다.

④ 캠페인 목표를 정하는 단계에서 어떤 목표를 최적화할지 결정할 수 있다.

33 인스타그램 동영상 광고 제작에 대한 설명으로 옳지 않은 것은?

① 광고 목표에 따라 360도 동영상을 활용할 수 있다.

② 핵심 메시지는 동영상의 후반에 나타나야 한다.

③ 자막을 넣는 것이 좋다.

④ 전체화면으로 노출하기에는 세로형 동영상이 더 좋다.

34 다음 중 메타의 성과 측정 도구에 대한 설명으로 옳지 않은 것은?

① 광고주의 페이스북 페이지에 메타 픽셀을 설치하여 광고 성과 측정이 가능하다.

② 오프라인 전환 API를 활용하여 광고주의 오프라인 이벤트 정보를 페이스북에 연결하여 성과 측정이 가능하다.

③ 전환 API를 활용하여 광고주의 웹 및 오프라인에서 발생하는 고객 행동 측정을 할 수 있다.

④ 메타 SDK를 설치하여 광고주의 앱에서 소비자의 행동을 파악하고 측정할 수 있다.

35 다음 중 메타에서 카탈로그를 관리하는 도구는 무엇인가?

① 광고 관리자

② 컬렉션 관리자

③ 커머스 관리자

④ 제품 관리자

36 다음 중 메타 광고 관리자의 앱 패밀리(광고 노출 지면)에 가장 낮은 비용으로 광고를 최적화하기 위한 어드밴티지 캠페인 예산 옵션(자동 게재 위치)에 대한 설명으로 틀린 것은?

① 캠페인의 광고가 메타 앱 패밀리 전반에 걸쳐 노출된다.

② 광고 게재 위치를 세밀하게 직접 제어할 수 있다.

③ 동일 예산으로 더 많은 타깃에게 도달할 수 있다.

④ 동일 예산으로 더 많은 전환 결과를 얻을 수 있다.

37 다음 중 페이스북 비스니스 설정탭 메뉴 중 데이터 소스에 포함된 항목이 아닌 것은?

① 도메인   ② 맞춤 전환
③ 카탈로그   ④ 픽셀

38 다음 중 메타에서 어드밴티지+카탈로그 광고를 위해 필요한 요건이 아닌 것은?

① 비즈니스 관리자 계정   ② 메타 픽셀 또는 메타 SDK
③ 고객 리스트   ④ 제품 카탈로그

39 다음 중 인피드 동영상 광고에 대한 설명으로 옳지 않은 것은?

① 광고영상 길이는 제한 없는 것이 특징이며, 30초 이상 시청해야 과금된다.
② 과금 방식은 CPV로, 영상 이미지 또는 텍스트를 클릭하면 과금된다.
③ 구독하기, 좋아요, 댓글 등 다양한 인게이지먼트를 유도할 수 있다.
④ 인피드 동영상 광고는 유튜브 첫 화면, 검색결과 상단, 추천 영상 상단 등에 노출된다.

40 건너뛸 수 있는 인스트림 광고 집행 시 노출수 10,000회, 조회수 3,000회, 클릭수 200회인 영상의 조회율은?

① 3%   ② 2%   ③ 30%   ④ 20%

41 유튜브 범퍼 광고의 길이는 최대 몇 초인가?

① 6초   ② 5초   ③ 10초   ④ 15초

42 유튜브에서 미드롤 광고가 게재되기 위해서는 유튜브 내 영상 콘텐츠의 길이는 얼마 이상이어야 하는가?

① 1분 이상　　　　　　　② 3분 이상

③ 8분 이상　　　　　　　④ 10분 이상

43 다음 중 위치 타기팅을 잘못 설명한 것은 무엇인가?

① 사용자가 최근 검색한 위치정보, 과거 물리적 위치 등을 사용해 타기팅한다.

② 타기팅을 위해 구글 위치 데이터 등을 사용할 수 있다.

③ 제주도 거주자를 대상으로 타기팅할 수 있다.

④ 미국과 캐나다 거주자를 동시에 타기팅할 수 없다.

44 다음 유튜브 동영상 광고 상품에 대한 설명으로 옳지 않은 것은?

① 범퍼 광고는 영상 조회수에 반영되지 않는다.

② 건너뛸 수 있는 인스트림 광고는 5초 후에 광고를 건너뛸 수 있다.

③ 인피드 동영상 광고에서 영상 미리보기 이미지와 텍스트가 광고로 노출된다.

④ 건너뛸 수 없는 인스트림 광고의 과금 방식은 CPC이다.

45 다음 중 유튜브 맞춤 동영상 추천에 영향을 주지 않는 요소는 무엇인가?

① 대한민국 인기 급상승 영상

② 구독 중인 채널의 영상

③ 과거 시청 이력이 있는 영상과 관련된 영상 또는 유사 영상

④ 현재 보고 있는 영상과 관련된 영상

46 트루뷰포리치(Trueview for Reach) 광고에 대한 설명으로 옳지 않은 것은?

① 범퍼 광고와 건너뛰기가 가능한 인스트림 광고를 결합한 광고 상품이다.

② 과금 방식은 CPM이며, 노출 목적의 상품으로 도달률 증대에 효과적이다.

③ 영상 길이는 6초 이하만 가능하다.

④ 더 낮은 비용으로 더 많은 순사용자에게 도달할 수 있다.

47 다음 중 구글애즈에서 광고 게재 위치는 고려하지 않고, 잠재고객의 특성이나 성향을 근거로 광고를 노출하는 타기팅 방법은 무엇인가?

① 사용자 기반 타기팅

② 위치 타기팅

③ 콘텐츠 기반 타기팅

④ 제외 타기팅

48 다음 유튜브 광고 상품 중 마케팅 퍼널의 구매 단계에 적합한 광고 상품은?

① 건너뛸 수 있는 인스트림 광고

② 아웃스트림 광고

③ 인피드 광고

④ 스마트채널 광고

49 다음 중 구글 디스플레이 네트워크의 동영상 파트너 게재 지면에 노출될 수 있는 동영상 광고 상품은 무엇인가?

① 건너뛸 수 있는 인스트림과 아웃스트림 광고

② 건너뛸 수 있는 인스트림과 인피드 광고

③ 아웃스트림과 스마트채널 광고

④ 스마트채널 광고와 범퍼 광고

50 다음 중 유튜브 Content ID 시스템에 대한 설명으로 옳지 않은 것은?

① 음반사가 유튜브의 Content ID 시스템을 통해 소유권을 주장한 노래의 경우에는 해당 노래를 배경음악으로 삽입한 채로 유튜브에 올려 수익을 창출하는 것은 불가능하다.

② 콘텐츠에 필요한 권리가 충족되지 않은 경우 Content ID 시스템으로 소유권을 주장해서는 안 된다.

③ 소유권을 주장한 모든 콘텐츠는 명확하게 구별할 수 있는 것이어야 한다.

④ Content ID 설정을 위해 반드시 독점적인 소유권을 보유할 필요는 없다.

51 다음 중 유튜브 범퍼 광고에 대한 설명으로 잘못된 것은?

① 건너뛰기 버튼을 클릭하여 광고를 건너뛸 수 있다.

② 영상 조회수에 영향을 미치지 않는다.

③ 입찰과 과금 방식은 CPM이다.

④ 거부감 없이 타깃에게 핵심적인 메시지를 전달할 수 있다.

52 다음 중 구글애즈에서 RTB(Real Time Bidding)로 구매할 수 없는 광고 상품은 무엇인가?

① 마스트헤드 광고   ② 범퍼 광고

③ 건너뛸 수 있는 인스트림 광고   ④ 인피드 동영상 광고

53 다음 중 유튜브의 아웃스트림 광고 유형에 대한 설명에 해당하지 않는 것은 무엇인가?

① 구글 동영상 파트너 지면에 노출되는 모바일 전용 광고 상품이다.

② 광고의 도달률을 높이는 데 효과적이다.

③ 사운드와 함께 재생되어 생동감을 전달하기 용이하다.

④ 아웃스트림 광고 집행 시 구글애즈 영상 조회수에 반영된다.

54 다음 중 유튜브 동영상 광고 상품 유형에 대한 설명으로 맞지 않는 것은?

① 건너뛸 수 있는 인스트림 광고는 5초 후에 광고 건너뛰기 버튼이 나타난다.

② 건너뛸 수 없는 인스트림 광고의 과금 방식은 CPC이다.

③ 인피드 광고는 동영상 썸네일 이미지와 텍스트로 노출된다.

④ 범퍼 광고는 6초를 초과하는 영상은 사용할 수 없다.

55 다음 중 아웃스트림 광고에 대한 설명으로 적절하지 않은 것은?

① PC에서는 노출되지 않는다.

② 건너뛸 수 있는 인스트림 광고처럼 시청 시간에 따라 과금되는 CPV 방식이다.

③ 도달률이 넓어 브랜딩에 효과적인 광고 상품이다.

④ 2초 이상 동영상을 본 경우에만 과금된다.

56 다음 중 유튜브 광고 예산 설정에 대한 설명으로 틀린 것은?

① 캠페인에서 예산을 설정할 수 있다.

② 캠페인 총예산과 일일예산 중에서 선택할 수 있다.

③ 일일예산은 광고 시청에 대한 입찰가를 말한다.

④ 총예산은 캠페인 기간 내에 소진할 전체 예산을 말한다.

57 다음 중 유튜브 동영상 광고와 관련하여 설명이 잘못된 것은?

① 캠페인 목표를 선택할 때 원하는 캠페인 목표가 없다면, 목표 설정 없이 캠페인 만들기가 가능하다.

② 인구통계와 같은 잠재고객 세그먼트는 합성 세그먼트 타기팅에서 사용할 수 없다.

③ 유튜브 동영상 광고는 특정 위치를 제외하는 타기팅도 가능하다.

④ 자동차에 관심이 있으면서 캠핑 애호가를 함께 타기팅하는 것을 합성 세그먼트 타기팅이라고 한다.

58 다음 중 유튜브 저작권 침해 처리 도구에 대한 설명으로 옳지 않은 것은?

① 저작권 소유자는 Content ID 시스템을 사용해 보유한 콘텐츠를 간단하게 확인하고 관리할 수 있다.

② 저작권 침해 사실이 발견되면 저작권 소유자는 본인의 동영상과 일치하는 동영상 전체를 시청할 수 없도록 차단할 수 있다.

③ Content ID 소유권 주장을 통해 저작권 침해 사실이 발견되면 해당 동영상은 유튜브에서 바로 삭제된다.

④ 동영상 시청을 차단하지 않고, 동영상에 광고를 게재해 수익을 창출할 수도 있다.

59 다음 중 유튜브 동영상 공개범위 설정에 대한 설명으로 옳지 않은 것은?

① '일부공개'로 설정하면, 댓글 작성, 재생목록에 표시는 불가능하다.

② 모든 크리에이터는 동영상을 '공개', '비공개' 또는 '일부공개'로 설정을 변경할 수 있다.

③ 만 18세 이상의 경우, 동영상의 공개범위는 기본적으로 '공개'로 설정된다.

④ 만 13~17세 크리에이터의 경우, 동영상 공개범위의 기본 설정이 '비공개'로 설정된다.

60 다음 중 유튜브 신고 동영상에 대한 설명으로 옳지 않은 것은?

① 성적인 콘텐츠의 경우는 연령 제한이 붙을 수 있다.

② 제한된 동영상 라벨이 붙으면 자동적으로 게시 중단 및 삭제된다.

③ 위반 정도가 심할 경우 채널과 동영상이 즉시 삭제될 수 있다.

④ 신고 영상은 유튜브에 계속 게시될 수 있으나, 실제 재생에는 제한이 있다.

61 다음 중 유튜브 스튜디오의 애널리틱스를 통해 확인할 수 없는 지표는 무엇인가?

① 영상 시청자의 연령 및 성별

② 영상 시청 시간

③ 영상 시청 국가

④ 영상을 시청하지 않고 건너뛴 시청자 비율

62 다음 중 유튜브 광고 중에서 전환 가능성이 높은 시청자와 상호작용을 유도하기 위해 유튜브 내 모든 페이지에서 노출되어 전환수를 늘리는 방식은 무엇인가?

① 트루뷰 인스트림   ② 트루뷰 비디오 디스커버리

③ 동영상 액션 캠페인(전환 유도 캠페인) ④ 유튜브 디스커버리

63 다음 중 유튜브 광고 제한 설정에 대한 설명으로 옳지 않은 것은?

① 유튜브 외부의 웹사이트에 삽입된 동영상에도 광고 노출을 제외할 수 있다.

② 아직 등급이 지정되지 않은 콘텐츠에도 광고 노출을 제외할 수 있다.

③ 실시간 스트리밍 동영상에 광고 노출을 제외할 수 있다.

④ 인벤토리 유형의 기본 설정은 확장된 인벤토리이다.

64 다음 중 유튜브 광고의 키워드 타기팅에 대한 설명으로 옳지 않은 것은?

① 방문 페이지, 관련 웹사이트나 제품, 서비스를 설명하는 단어 등을 입력하여 키워드 아이디어를 얻을 수 있다.

② 유튜브와 구글 디스플레이 네트워크(GDN)에서는 웹사이트 콘텐츠를 타기팅하는 키워드 타기팅이 적용된다.

③ 유튜브와 구글 디스플레이 네트워크에서 동영상 광고를 특정 주제로 타기팅하는 기능이다.

④ 유튜브 검색결과에서 사용자가 유튜브에서 검색할 때 사용하는 단어 또는 구문(키워드)을 기반으로 타기팅한다.

65 클릭수, 노출수, 조회수 같은 전통적인 측정 항목 대신 광고 회상, 브랜드 인지도, 고려도 같은 측정 항목에 중점을 둔 구글의 광고 효과 측정 도구는?

① 도달범위 플래너

② 브랜드 광고 효과 서베이(Brand Lift Survey)

③ A/B 테스트

④ 픽셀 및 SDK

66 다음 중 구글애즈의 광고 보고서에 대한 설명으로 틀린 것은?

① 유튜브 동영상 광고에 대해 실시간으로 성과 지표를 확인할 수 있다.

② 광고 조회수, 노출수, 클릭수 등 다양한 결과를 확인할 수 있다.

③ 광고 소재별로도 상세한 성과 지표를 확인할 수 있다.

④ 유튜브 동영상 광고의 당일 성과 지표는 광고 다음 날부터 확인할 수 있다.

67 다음 중 유튜브 커뮤니티 가이드를 위반하지 않은 것은 무엇인가?

① 사용자가 콘텐츠의 내용을 다른 내용으로 오해하도록 제목, 썸네일, 설명란에 전혀 다른 내용을 기재했다.

② 좋아하는 가수의 관련 영상을 재생목록으로 만들어 친구에게 공유했다.

③ 폭력 묘사, 악의적 공격, 유해하거나 위험한 행동을 조장하는 콘텐츠를 게재했다.

④ 무언가를 보여 주겠다고 약속했지만, 보여 주지는 않고 외부 사이트로 유인했다.

68 다음 중 구글 도달범위 플래너의 장점이 아닌 것은?

① 광고 기간을 조정하여 도달률을 파악할 수 있다.

② 체계적으로 마케팅 예산을 수립하고 진행해 나갈 수 있다.

③ 도달률을 높이기 위한 최적의 광고 상품과 예산 비중을 알 수 있다.

④ 동영상 캠페인의 성과가 목표에 얼마나 달성했는지 검증할 수 있다.

69 다음 중 구글 도달범위 플래너의 데이터에 대한 설명으로 적합하지 않은 것은?

① 구글의 순사용자 도달범위 산출 방식에 기반한 것이다.

② 도달범위 플래너 데이터는 매일 업데이트된다.

③ 제3자가 유효성을 검증했다.

④ 실제 도달범위 및 입찰가와 일치한다.

70 다음 중 카카오톡 비즈보드의 특징이 아닌 것은?

① 광고 품질 관리를 위해 랜딩페이지는 광고주 사이트 URL로만 가능하다.

② 많은 방문자를 보유한 카카오톡의 특성상 노출수가 매우 높다.

③ 빅데이터 기반의 타기팅 광고가 가능하다.

④ 비즈솔루션을 활용한 마케팅 액션이 가능하다.

71 다음 중 카카오 비즈보드의 랜딩페이지로 적당하지 않은 것은?

① URL

② 챗봇

③ 카카오톡 선물하기

④ 애드뷰

72 다음 중 카카오 비즈플러그인 서비스 가입 시 필요한 것에 대한 설명으로 옳지 않은 것은?

① 결제 계좌 등록

② 회원가입 동의

③ 개인정보 이용 동의

④ 위치 전송에 대한 동의

73 다음 중 카카오 비즈보드의 디바이스 및 게재 지면 설정에 대한 설명으로 옳지 않은 것은?

① 카카오톡에 게재된다.

② 모바일 중에서 안드로이드와 iOS를 선택할 수 있다.

③ 채팅탭에만 노출하도록 옵션 설정이 가능하다.

④ 광고를 노출할 디바이스는 PC와 모바일 중에서 선택할 수 있다.

74 카카오 비즈보드의 일예산에 대한 설명 중 옳지 않은 것은?

① 광고그룹 예산은 캠페인 예산을 초과할 수 없다.

② 광고그룹의 일예산은 5만 원 이상부터 설정할 수 있다.

③ 과금 비용이 일예산을 초과하는 경우 자동으로 광고 집행이 중단된다.

④ 일예산이 넘는 금액이 청구되는 경우도 있을 수 있다.

75 다음 중 네이버 밴드의 풀스크린 광고에 대한 설명으로 옳지 않은 것은?

① 안드로이드에만 노출되는 상품이다.

② 네이버의 NOSP 광고 시스템을 통해 운영할 수 있다.

③ 앱을 닫을 때 팝업 형식으로 나타나는 광고이다.

④ 성별, 연령, 요일 및 시간, 지역, 관심사 등의 타깃 설정이 가능하다.

76 네이버 밴드의 네이티브 광고에서 사용 가능한 타기팅 방식이 아닌 것은?

① 유사 타깃을 활용한 맞춤 타기팅

② 1세 단위 연령 타기팅

③ 1시간 단위 시간 타기팅

④ 안드로이드, iOS 중 하나를 선택하여 타기팅

77 다음 중 네이버 밴드 소셜 광고의 게재 위치에 대한 설명으로 옳지 않은 것은?

① 캠페인 목적에 따라 광고 게재 위치를 선택할 수 있다.

② 새소식은 새소식 목록에 피드 형태로 노출된다.

③ 밴드홈은 밴드홈 목록 화면에 커버 형태로 노출된다.

④ 밴드 스티커를 활용한 보상형 광고는 새소식, 밴드홈 영역 중 선택할 수 있다.

78 다음 중 네이버 밴드의 스마트채널 광고를 운영할 수 있는 시스템은 무엇인가?

① 밴드 비즈센터

② 밴드 파트너센터

③ 네이버 GFA

④ 네이버 NOSP

79 다음 중 네이버 밴드 광고인 스마트채널 광고에 대한 설명으로 옳지 않은 것은?

① 밴드 앱 홈, 새소식, 채팅탭 최상단에 노출되는 상품이다.

② 밴드 영역 상단 고정 노출로 주목도가 높은 광고 유형이다.

③ 스마트채널 이외 게재 위치의 광고 최소입찰가는 70원이다.

④ 스마트채널 게재 위치의 최소입찰가는 1,000원이다.

80 다음 중 아프리카 TV의 광고 상품에 대한 설명으로 옳지 않은 것은?

① 광고 구매는 입찰형, 구좌형(보장형), 직접 문의 방식이 있다.

② 캠페인의 목적은 비디오 조회와 트래픽 2가지가 있다.

③ 모바일 인스트림 커플 배너는 PC와 모바일에 함께 진행 가능한 상품이며, 최소입찰가는 2,500원부터 시작한다.

④ 모바일 인스트림 커플 배너는 모바일 전용 상품이며, 최소입찰가는 2,500원부터 시작한다.

Chapter 04 | 2024년 제2회 기출복원문제

01 다음 중 소셜미디어의 기반이 된 웹 2.0의 특징이 아닌 것은?

① 개방 ② 정보 전달

③ 참여 ④ 공유

02 다음 중 소셜미디어에 대한 설명으로 옳지 않은 것은?

① 가이드와이어 그룹(Guidewire Group)의 공동 창립자인 크리스 쉬플리(Chris Shiply)에 의해 이 용어가 대중화되었다.

② SNS는 소셜미디어의 가장 강력한 한 축을 구축하고 있다.

③ 관계 형성 측면에서 매스미디어보다 우위를 갖는다.

④ 위키는 소셜미디어의 한 유형이라고 볼 수 없다.

03 다음 중 성공적인 콘텐츠 마케팅의 성공 조건으로 볼 수 없는 것은?

① 브랜드의 존재감을 키우기 위해서는 콘텐츠의 차별화가 필요하다.

② 가능한 한 콘텐츠는 길게 제작하는 것이 바람직하다.

③ 참여를 유도할 수 있는 콘텐츠 제작에 중점을 두는 것이 좋다.

④ 광고성 콘텐츠보다는 소비자가 공감할 수 있는 콘텐츠가 좋다.

04 다음 중 소셜미디어 콘텐츠에 대한 설명으로 적합하지 않은 것은?

① 무엇보다 소셜미디어 콘텐츠에서는 광고형 콘텐츠가 중요하다.

② 이미지와 문구를 사용해 핵심 이슈나 뉴스를 전달하는 형식의 콘텐츠인 카드 뉴스를 사용하기도 한다.

③ 전통적인 미디어가 규정해 온 콘텐츠 형식과 기준을 벗어나 모바일 환경에 적합하게 짧게 변형된 동영상 콘텐츠를 숏폼 콘텐츠라고 하는데, 이러한 형식이 많이 사용된다.

④ 모바일에 최적화된 콘텐츠가 주를 이루고 있다.

05 한 소셜미디어 담당자가 MZ세대를 겨냥한 콘텐츠 마케팅 전략을 기획하고 있다. 다음 중 가장 적합하지 않은 마케팅 전략은 무엇인가?

① 소셜미디어 최적화 작업을 통해 콘텐츠의 유기적 트래픽 유입에 중점을 둔다.

② 소셜미디어 최적화를 통한 장기적 전략에 집중하고, 단기적 성과 향상은 고려하지 않는다.

③ 긍정적인 여론 형성을 위해 커뮤니티와 협력해 프로모션을 진행한다.

④ 소비자의 참여를 적극적으로 유도하기 위해서 참여형 챌린지를 유명 인플루언서와 함께 진행한다.

06 다음 중 즉석에서 사진을 볼 수 있는 인스턴트 카메라(Instant Camera)와 정보를 보낸다는 의미의 텔레그램(Telegram)을 합쳐 만든 이름으로, 친구와 연결되어 소식 공유 등이 가능한 SNS는 무엇인가?

① 인스타그램

② 유튜브

③ 틱톡

④ 링크드인

07 다음 중 소셜미디어 최석화에 대한 설명으로 옳시 않은 것은?

① 소셜미디어 최적화는 검색 최적화에도 긍정적인 영향을 미친다.

② 소셜미디어 플랫폼에서 콘텐츠의 유기적 트래픽 유입 최적화를 위한 마케팅 기법을 말한다.

③ 소셜미디어 최적화는 내러티브 광고를 활용한 판매 효과로만 평가한다.

④ 소셜미디어상에서 고객에게 메시지를 전달하고 관리하여 브랜드를 성장시키는 활동이다.

08 다음 중 초월(Beyond), 가상을 의미하는 단어와 우주를 의미하는 단어의 합성어로, 코로나 이후에 소셜미디어 플랫폼에서 급속도로 진화하고 있는 분야를 나타내는 용어는 무엇인가?

① 증강현실

② NFT

③ 가상현실

④ 메타버스

09 다음 중 브랜드의 TV CF 영상을 페이스북을 이용한 모바일 브랜드 캠페인에서 효과적으로 활용하기 위해 가장 적합한 방법은 무엇인가?

① 최초 3초 이내에 브랜드의 핵심 메시지를 노출하도록 15초 이내의 영상으로 재편집하여 사용했다.

② 기존 영상을 1.91:1의 비율로 변경하여 사용했다.

③ 브랜드의 TV CF 영상의 스토리 전체를 보여 주기 위해서 무편집본을 사용했다.

④ 기존 영상에 자막을 추가했다.

10 다음 중 메타 광고의 구매와 입찰 방식에 대한 설명으로 옳지 않은 것은?

① 메타 광고 구매는 예약과 경매 구매의 유형이 있는데, 이 중 경매 구매는 입찰가 경쟁, 즉 경매에 의해 결정되는 방식을 말한다.

② 입찰 전략은 지출액 기준 입찰, 목표 기준 입찰 및 수동 입찰의 3가지 유형이 있다.

③ 입찰가는 선택한 입찰 전략 및 최적화 목표, 전환 기간, 캠페인의 이전 성과를 고려하여 설정하는 것이 좋다.

④ 입찰가 결과와 노출 순위 평균 입찰가에 의해 낙찰이 결정된다.

11 다음 메타의 광고 생성 단계에 대한 설명으로 적합하지 않은 것은?

① 메타의 광고 만들기는 캠페인 – 광고세트 – 광고 단계로 구성된다.

② 광고 단계에서는 타깃과 노출 위치를 결정한다.

③ 광고 단계에서는 광고 소재인 이미지와 동영상을 업로드하고 텍스트와 링크 등을 추가한다.

④ 광고세트 단계에서는 타깃과 노출 위치를 결정한다.

12 다음 중 브랜드 인지도를 광고 목표로 할 때, 적합한 전략이 아닌 것은?

① 광고를 집행하고 광고 상기도 증대나 광고를 통한 브랜드 인지도 등의 결과를 측정하여 반영한다.

② 맞춤 타깃을 사용해 단골고객이나 앱 또는 웹사이트를 이용한 적이 있는 사람 등을 대상으로 타기팅한다.

③ 자동 노출 위치를 사용해 가장 좋은 성과를 낼 위치에 광고를 자동으로 게재하여 도달을 높인다.

④ 브랜드 인지도를 높이고 비즈니스에 관심을 가질 가능성이 있는 사람들에게 도달하기 위해 유사 타깃을 활용한다.

13 다음 중 맞춤 타깃 설정을 위해서 광고주가 제공하는 데이터 소스는 무엇인가?

① 광고주의 웹사이트

② 잠재고객 양식 참여

③ 인스턴트 경험

④ 인스타그램 계정

14 다음 중 유사 타기팅에 대한 설명으로 적절하지 않은 것은?

① 유사 타깃을 사용하면 메타 시스템이 맞춤 타깃에 포함된 사람들과 유사한 특성을 가진 사람들에게 노출하여 최적의 성과를 유지하도록 지원한다.

② 맞춤 타깃에서 유사 타깃을 만드는 경우, 광고 계정에 관리자 또는 광고주의 역할이 있어야 만들 수 있다.

③ 고객 생애 가치(Customer Lifetime Value: CLV) 기반 유사 타깃을 만들 때는 이미 제품을 구매한 소비자에게만 광고 노출이 가능하다.

④ 타깃 소스가 되는 모바일 앱, 픽셀, SDK, 카탈로그, 맞춤 타깃이 CLV를 데이터 유형으로 가지고 있으면 가능하다.

15 메타는 광고 경매 시 타깃에 대해 선택된 광고 순위를 지정하고 캠페인 목표와 가치에 적합한 광고를 찾는다. 다음 중 메타의 광고 경매에서 낙찰에 영향을 미치는 요소가 아닌 것은?

① 광고 입찰가

② 추산 행동률과 광고 품질

③ 입찰 조정 방식

④ 광고 관련성

16 다음 중 도달 및 빈도 구매(예약 구매로 변경)를 사용하는 상황으로 적절하지 않은 것은?

① 최대한 낮은 금액 또는 일정한 목표 금액으로 타깃에게 도달하고자 할 때

② 광고 도달범위의 예측 가능성이 중요할 때

③ 사람들이 광고를 보는 횟수 통제가 필요할 때

④ 인지도 및 참여 캠페인에서 도달범위 극대화가 광고 목표일 때

17 다음 중 메타의 광고캠페인 목표로 적절하지 않은 것은?

① 오프라인 매장 방문 극대화   ② 브랜드 인지도 증대

③ 트래픽   ④ 판매

18 다음 중 컬렉션 광고에 대한 설명으로 옳지 않은 것은?

① 광고 클릭 후 페이스북이나 인스타그램을 이탈하지 않고 제품을 쉽게 둘러볼 수 있다.

② 제품의 노출은 쉽지만, 구매 연결은 불가능한 광고 형식이다.

③ 카탈로그와 연동하여 다양한 제품 세트를 손쉽게 노출할 수 있다.

④ 모바일 전용 광고 형식이다.

19 다음 중 메타에서 다양한 디지털 인사이트와 마케팅 리서치 자료를 제공하는 도구는 무엇인가?

① 이벤트 관리자   ② 비즈니스 관리자

③ Foresight   ④ Meta Developers

20 메타의 동영상 광고 형식에 대한 설명으로 가상 옳은 것은 무엇인가?

① 페이스북 동영상 피드 광고는 1:1 비율, 4:5 비율, 9:16 비율을 모두 사용할 수 있다.

② 페이스북 인스트림 동영상을 사용할 때는 세로 방향의 전체화면을 사용한다.

③ 페이스북 스토리 광고에서는 스티커, 이모티콘 및 기타 크리에이티브 요소를 추가하는 옵션을 추가할 수 있으며, 9:16 비율의 세로 방향 전체화면을 사용한다.

④ 메신저 스토리는 1.91:1의 비율을 사용한다.

21 한 브랜드에서 신상품을 소개하기 위해 신상품 이미지 15개와 15초짜리 동영상과 함께 사용해서 구매 고려를 높이고자 한다. 다음 중 가장 적합한 광고 형식은 무엇인가?

① 슬라이드쇼

② 단일 이미지

③ 동영상

④ 컬렉션

22 다음 중 메타의 광고 노출 관리에 대한 설명으로 옳지 않은 것은?

① 광고 노출 지면에서 특정 퍼블리셔, 웹사이트의 차단 리스트를 생성할 수 있다.

② 어드밴티지+ 노출 위치를 사용하면 성과가 가장 좋을 것으로 예측되는 위치에 메타의 광고 시스템이 자동으로 광고를 게재한다.

③ 페이스북 인스트림 동영상 주제 제외를 사용하면, 광고 계정 수준에서 정치, 종교와 같은 특정 주제의 일반 콘텐츠를 제외할 수 있다.

④ 제한된 인벤토리를 선택하면, 콘텐츠 수익화 정책을 준수하는 콘텐츠에 광고가 표시되므로 도달범위가 극대화된다.

23 다음 중 다양한 상품을 보유한 온라인 쇼핑몰 사업자가 매출을 늘리기 위해 컬렉션 광고를 활용하고자 할 때 크리에이티브 전략으로 가장 적당한 것은 무엇인가?

① 15초로 편집된 커버 동영상과 판매율이 높은 4개의 상품으로 구성된 제품 세트

② 15초로 편집된 커버 동영상과 전 제품의 카탈로그 연동

③ 가로 커버 이미지 및 전 제품의 카탈로그 연동

④ 가로 커버 이미지 및 판매율이 높은 4개의 상품으로 구성된 제품 세트

24 다음 중 페이스북 페이지에 대한 설명으로 옳지 않은 것은?

① 페이스북 페이지는 비즈니스, 브랜드, 단체, 공인 등이 소식을 공유하고 사람들과 소통하는 공간인데, 페이스북은 페이지 제작을 위한 일반 템플릿만 제공하고 있다.

② 페이스북 페이지 템플릿은 카테고리별로 기본 탭과 버튼이 다르다.

③ 서비스 템플릿은 서비스를 쉽게 찾고 연락하는 데 중점을 둔 페이지 템플릿으로, Shop, 쿠폰, 이벤트 탭이 추가되어 있다.

④ 음식점 및 카페 템플릿은 주요 메뉴 및 영업시간, 매장 위치 등 중요 정보 및 사진을 강조하고 있는 템플릿으로, 기본 버튼으로 '지금 전화하기'가 제공된다.

25 다음 중 메타의 광고 시스템에서 캠페인 실적을 파악하기 위해 사용할 수 있는 3가지 '측정 방법' 및 '지표'를 나타내는 용어가 아닌 것은?

① Conversion Rate

② Audience Network

③ A/B Test

④ Brand Lift Survey(BLS)

26 다음 중 동영상 광고 제작 방법에 대한 설명으로 옳지 않은 것은?

① 인스타그램 피드와 오디언스 네트워크 노출 위치에는 최대 120초 길이의 동영상만 허용되지만, 페이스북 피드, 메신저 홈에서는 최대 240분 길이의 동영상까지 지원되기 때문에 동영상의 길이는 최대한 길게 제작하는 것이 바람직하다.

② 사람들의 관심을 끌기 위해 가장 흥미롭고 핵심적인 메시지는 동영상 초반인 첫 3초 이내에 배치하는 것이 바람직하다.

③ 대다수의 사람들이 휴대폰을 세로로 들고 보기 때문에 동영상은 4:5 비율의 세로 방향 또는 정사각형 비율을 선택하는 것이 좋다.

④ 제품 또는 브랜드 메시지는 사람들이 보고 기억할 수 있도록 동영상 초반에 보여 주는 것이 좋다.

27 다음 중 인스트림 동영상, 인스턴트 아티클, Audience Network에서 광고주가 차단할 수 있는 콘텐츠 카테고리가 아닌 것은?

① 도박 콘텐츠
② 성인용 콘텐츠
③ 주류 및 정치 콘텐츠
④ 참사 및 분쟁 콘텐츠

28 다음 중 메타의 커뮤니티 규정을 위반한 사례가 아닌 것은 무엇인가?

① 주요 국제 보건 단체에서 잘못된 내용이라고 널리 밝힌 백신 오해의 소지가 있는 콘텐츠나 미용 시술을 홍보 또는 묘사하는 콘텐츠를 담은 경우

② 자살 또는 자해를 조장하는 콘텐츠나 과도한 폭력성이 포함된 콘텐츠

③ 성인의 나체 이미지나 성적 행위가 포함된 콘텐츠

④ 특정 규제 제품을 판매하거나 거래하려는 콘텐츠

29 다음 중 자동 위치 게재 설정에 대한 설명으로 적합하지 않은 것은?

① 광고 시스템이 자동으로 예산을 최대한 활용하고 광고의 노출을 개선한다.

② 페이스북, 인스타그램, 오디언스 네트워크, 메신저의 모든 노출 위치에 광고가 노출되어 더 많은 타깃에게 도달될 수 있다.

③ 노출 위치가 다양해지면, 더 넓은 범위의 타깃을 찾는 데 도움이 된다.

④ 광고 게재 위치를 세밀하게 제어할 수 있다.

30 브랜드 캠페인을 진행하는 데 도달과 성과 결과를 예측하고 빈도를 더 구체적으로 관리할 계획이다. 다음 중 해당 캠페인의 광고 구매 방식으로 적합한 것은 무엇인가?

① CPM   ② CPA

③ CPV   ④ CPC

31 다음 중 페이스북 비즈니스 설정 탭 메뉴 중 데이터 소스에 포함된 메뉴 항목이 아닌 것은 무엇인가?

① 카탈로그   ② 도메인

③ 맞춤 전환   ④ 픽셀

32 다음 중 메타 광고의 타기팅 방식에 대한 설명으로 틀린 것은 무엇인가?

① 핵심 타깃: 연령·관심사·지역 등의 기준에 따라 타깃을 정의하고 타기팅

② 맞춤 타깃: 온라인이나 오프라인에서 비즈니스에 반응을 보인 타깃

③ 유사 타깃: 타깃 소스를 기준으로 유사 유저를 타기팅

④ 특별광고 타깃: 고객 데이터를 기반으로 광고 카테고리에 상관없이 사용 가능한 타깃

33 다음 중 메타에서 수익화 자격 충족 요건 중 시청 시간을 충족시키기 위한 조치로 적합하지 않은 것은 무엇인가?

① 인스타그램과 페이스북에 동영상을 교차 게시하여 시청 시간을 늘리기 위해 애쓴다면, 수익 조건에 부족한 자격 조건을 금방 채울 수 있다.

② 동영상 시작 부분에서 시청자의 관심을 사로잡을 수 있도록 동영상을 제작 한다.

③ 동영상의 1분 지점에 광고가 자연스럽게 삽입될 수 있도록 페이스북 인스트 림 광고를 염두에 두고 콘텐츠를 만드는 것이 좋다.

④ 매주 만든 동영상 수와 비교해 재방문하여 조회한 사람의 수를 추적하여 급 격히 증가하거나 감소한 이유를 분석하여 반영한다.

34 다음 중 메타에서 특별광고 카테고리가 아닌 것은 무엇인가?

① 신용

② 주택

③ 고용

④ 교육

35 다음 중 유튜브 알고리즘에 대한 설명으로 옳지 않은 것은?

① 구글 검색과 마찬가지로 검색어와 관련성이 높은 결과가 상단에 노출된다.

② 유튜브 캠페인에서 가장 중요한 성과 지표인 영상 조회수 집계 방식이 존재 하며, 집계기준이 알려져 있다.

③ 유튜브 검색결과는 조회수 순이 아니다.

④ 유튜브 Shorts는 긴 영상과 동일한 추천 알고리즘을 가진다.

36 다음 중 유튜브 동영상 조회수 실제값에 대한 설명으로 옳지 않은 것은?

① 동영상 조회수는 콘텐츠 제작자, 광고주, 사용자에게 공정하고 긍정적인 사용 환경을 유지하기 위한 알고리즘에 따라 검증된다.

② 조회수가 정확한 실제값인지 확인하기 위해 일시적으로 집계 속도를 줄이고, 집계를 정지하거나 조회수를 조정해 본다.

③ 낮은 품질의 재생 횟수를 삭제해 조회수를 조정한다.

④ 자동 재생 시청도 조회수에 포함된다.

37 다음 중 유튜브 파트너 프로그램(YPP)을 통해 광고 수익을 창출하기 위한 조건으로 옳지 않은 것은?

① 구독자수가 1,000명 이상이어야 한다.

② 지난 365일간 공개 동영상 시청 시간 4,000시간 또는 지난 90일간 공개 Shorts 동영상 시청 시간 2,000시간 이상이어야 한다.

③ YPP가 제공되는 국가/지역에 거주해야 한다.

④ 광고주 친화적 콘텐츠 가이드라인을 준수하는 콘텐츠를 제작해야 한다.

38 다음 중 구글애즈에 대한 설명으로 옳지 않은 것은?

① 구글애즈는 구글의 광고 관리 시스템이다.

② 구글 이메일 계정으로 구글애즈 계정을 만들 수 있다.

③ 유튜브 동영상 광고도 구글애즈에서 관리한다.

④ 유튜브 계정이 있으면 구글애즈 계정 없이도 광고 운영이 가능하다.

39 다음 유튜브에 대한 설명으로 옳지 않은 것은?

① 유튜브는 대표적인 동영상 플랫폼이다.

② 구글은 2018년 유튜브 숏폼 플랫폼인 Shorts를 출시했다.

③ 유튜브는 유튜브 스튜디오를 통해 운영할 수 있다.

④ 계정 인증을 받으면 15개 이상의 동영상을 업로드할 수 있다.

40 다음 중 트루뷰포리치에 대한 설명으로 옳지 않은 것은?

① 범퍼 광고와 건너뛸 수 있는 인스트림 광고를 함께 사용해 더 많은 순사용자에게 도달할 수 있다.

② 트루뷰 인스트림 광고와 같이 사용하면 원하는 메시지를 전달할 수 있어 효과적이다.

③ 영상 길이는 6초 이하만 가능하다.

④ 과금 방식은 CPM으로 도달률 증대에 효과적이다.

41 다음 중 유튜브의 건너뛸 수 없는(스킵할 수 없는) 광고의 과금 방식은 무엇인가?

① CPC   ② CPM

③ CPA   ④ CPV

42 다음 중 유튜브 인피드 동영상 광고의 과금 방식에 대한 설명으로 옳지 않은 것은?

① 과금 방식은 CPV이다.

② 3분 이상 사용 시 입찰에 제한이 있다.

③ 클릭 후 영상 시청 시간에 영향을 주지 않는다.

④ 썸네일을 클릭해 시청 시 조회수로 과금된다.

43 다음 중 브랜드 인지도를 광고 목표로 하기에 적절하지 않은 광고는 무엇인가?

① 범퍼 광고   ② 인피드 광고
③ CPM 마스트헤드 광고   ④ 컴패니언 배너

44 다음 중 브랜드 구매 고려를 높이기 위한 타기팅 방법은 무엇인가?

① 맞춤 세그먼트   ② 합성 세그먼트
③ 인기 세그먼트   ④ 유사 세그먼트

45 다음 중 마케팅 퍼널 프로세스의 구매 단계에 적합한 유튜브의 광고 상품은 무엇인가?

① 건너뛸 수 있는 인스트림 광고
② 인피드 광고
③ 아웃스트림 광고
④ 범퍼 광고

46 다음 중 유튜브 광고 운영 전략에 대한 설명으로 옳지 않은 것은?

① 트래픽이 많은 날과 적은 날을 고려하면서 캠페인 기간에 걸쳐 균등하게 총 예산을 지출한다.
② 브랜드 인지도를 높이기 위해서 건너뛸 수 없는 동영상 광고로 유저에게 핵심적인 메시지를 정확하게 전달한다.
③ 브랜드 인지도 및 구매 고려도를 높이기 위해 건너뛸 수 없는 동영상 광고를 통해 도달범위를 극대화한다.
④ 인지도 및 구매 고려 목표에서 선택할 수 있는 하위 유형으로는 광고 시퀀스만 가능하다.

47 다음 중 구글애즈의 CPV 입찰 전략에 대한 설명으로 옳은 것은?

① 인스트림 광고, 인피드 광고, Shorts 광고가 노출된 횟수이다.

② 광고 조회 1회에 지급할 의사가 있는 최대 금액이다.

③ 사용자가 동영상의 30초 지점까지 시청하거나 상호작용(클릭 유도 문구 오버레이, 카드, 컴패니언 배너 클릭)에 대해 광고비를 지불하는 전략을 말한다.

④ 사용자가 동영상의 30초 지점까지(동영상 광고가 30초 미만일 때 광고 전체를) 계속 봤을 때 또는 동영상과 상호작용할 때(둘 중 먼저 발생한 액션 기준) 지급하는 평균 비용이다.

48 다음 중 유튜브에서 광고 제한 설정에 대한 설명으로 옳지 않은 것은?

① 광고가 게재될 콘텐츠 제외 설정은 계정 수준 또는 개별 캠페인 수준에서 설정할 수 있다.

② 인벤토리 유형, 콘텐츠 유형, 디지털 콘텐츠 라벨을 이용하면 광고 게재를 세부적으로 관리하면서 내 브랜드 캠페인이나 메시지에 적합하지 않은 민감한 콘텐츠를 제외할 수 있다.

③ 계정 수준에서 인벤토리 유형, 콘텐츠 유형, 디지털 콘텐츠 라벨을 선택할 수 있으며, 이 설정은 모든 동영상 캠페인에 자동으로 적용된다.

④ 모든 구글애즈 계정에는 기본적으로 민감한 지면에 광고가 노출되지 않도록 제한 인벤토리로 설정되어 있다.

49 다음 중 구글애즈 광고캠페인에서 특정 기기 타기팅에 대한 설명으로 잘못된 것은?

① 특정 TV 브랜드 타기팅

② 특정 휴대전화 기기 타기팅

③ 컴퓨터, 휴대전화, 태블릿 타기팅

④ 특정 통신사 타기팅

50 다음 중 게재 빈도와 노출 빈도에 대한 설명으로 틀린 것은?

① 게재 빈도란 일정 기간에 순사용자 한 명이 광고를 본 최소 횟수를 말한다.

② 브랜드 인지도 캠페인에서 게재 빈도를 높이면 도달범위도 넓어진다.

③ 유튜브는 순사용자 도달범위 모델을 통해서 사용자가 여러 기기에서 동일한 광고에 노출되는 경우와 여러 사용자가 공동 시청 중인 경우(커넥티드 TV 기기에서 함께 광고를 시청하는 경우)를 고려하여 광고의 총 도달범위를 측정한다.

④ 사용자당 평균 노출 빈도는 지난 7일 또는 30일(단일 날짜 또는 여러 날짜) 동안 캠페인의 동영상 광고가 사용자당 게재된 평균 횟수를 말한다.

51 다음 중 유튜브 아웃스트림 광고에 대한 설명으로 옳지 않은 것은?

① 기본적으로 음소거 상태로 재생되며, 시청자가 음소거를 해제할 수 있다.

② 세로 모드 및 전체화면 모드를 모두 지원한다.

③ 시청자가 동영상을 30초 지점까지 시청했을 때만 광고비가 과금된다.

④ 구글 동영상 파트너에 게재되는 광고이다.

52 광고비가 100만 원이고, 동영상 광고의 조회수가 25,000회였다면, CPV는 얼마인가?

① 40원   ② 400원

③ 250원   ④ 25원

53 다음 중 유튜브 상세 타깃에서 설정할 수 있는 항목이 아닌 것은 무엇인가?

① 주제 타깃   ② 성인 타깃

③ 구매 예산   ④ 관심 분야

54 다음 중 유튜브 동영상 캠페인 설정에서 언어 타기팅 원리로 적합한 것은 무엇인가?

① 한국어와 영어 사용자를 동시에 타기팅할 수 없다.

② 콘텐츠 사용 언어, 또는 구글의 브라우저, 구글 검색, Gmail 등 사용하고 있는 구글 제품을 어떤 언어로 설정했는지를 기준으로 타깃을 정하는 것이며, 위치 타기팅과 결합한 타기팅도 가능하다.

③ 잠재고객이 관심을 보이는 웹사이트의 유형과 관련된 단어 또는 구문(키워드)을 기반으로 타기팅된다.

④ 광고주는 광고를 게재하려는 사이트의 언어를 선택할 수 없다.

55 다음 중 광고 지표 중 하나인 조회율(VTR)에 대한 설명으로 옳지 않은 것은?

① 배너 광고의 클릭률(CTR)과 유사한 개념으로, 노출수 대비 클릭된 비율을 말한다.

② VTR은 View Through Rate의 약자이다.

③ 조회율 3%는 광고 노출수 1,000회 중 30회가 조회되었다는 뜻이다.

④ 동영상 광고에 대한 시청자 반응을 알 수 있는 지표 중 하나이다.

56 다음 중 콘텐츠 기반 타기팅 방식이 아닌 것은 무엇인가?

① 게재 위치 타기팅

② 주제 타기팅

③ 잠재고객 성향 기반 타기팅

④ 키워드 타기팅

57 다음 중 잠재고객 세그먼트에 대한 설명으로 옳지 않은 것은?

① 초기 목록 크기는 540일 내에서 내 채널에서 활동한 적이 있는 사용자의 목록으로 만들 수 있다.

② 내 동영상 또는 유튜브 채널과 상호작용했던 사용자가 유튜브를 사용하고 디스플레이 네트워크 동영상, 웹사이트, 앱을 탐색할 때 광고 맞춤 세그먼트 설정이 가능하다.

③ 과거에 내 웹사이트 또는 모바일 앱을 방문했거나 동영상을 시청한 사용자, 연락처 정보를 남긴 고객 등 내 제품 및 서비스에 이미 관심을 보였던 사용자에게 광고를 게재하는 내 데이터 세그먼트가 가능하다.

④ 유튜브 동영상 캠페인의 경우, 관심 분야, 구매 의도, 내 데이터 세그먼트 등의 잠재고객 세그먼트가 가능하다.

58 다음 중 유튜브 광고 성과를 측정할 수 있는 솔루션인 브랜드 광고 효과 서베이(BLS)에 대한 설명으로 옳지 않은 것은?

① 동영상 광고의 효과를 측정하는 도구이다.

② 클릭수, 노출수, 조회수 같은 전통적인 측정 항목 대신 광고 회상, 인지도, 구매 고려도, 호감도, 구매 의도로 광고 효과를 측정한다.

③ 유료이다.

④ 브랜드 광고 효과 측정을 설정하려면 동영상 캠페인을 진행해야 한다.

59 다음 중 인구통계 타기팅에 해당하지 않는 것은?

① 연령   ② 자녀 유무

③ 거주지   ④ 소득 수준

60 다음 중 동영상 광고 품질평가점수에 영향을 주지 않는 것은 무엇인가?

① 영상 조회율   ② 영상 재생 진행률

③ 영상 클릭률   ④ 동영상 광고비 수준

61 다음 중 광고 게재 지면의 안정성 확보를 위해 성인용 콘텐츠에 광고 노출을 배제하려면 어떤 디지털 콘텐츠 라벨을 제외해야 하는가?

① ML-X   ② DL-MA

③ DL-AD   ④ DL-19

62 다음 중 유튜브와 동영상 파트너 사이트 및 앱에 광고를 게재하는 도달범위, 조회수 및 전환수 등을 기반으로 하여 동영상 캠페인을 정확하게 설정할 수 있게 해 주는 구글의 도구는 무엇인가?

① 도달범위 플래너(Reach Planner)

② 비디오 빌더(Video Builder)

③ 디렉터 믹스(Director Mix)

④ 브랜드 리프트 서베이(Brand Lift Survey)

63 다음은 유튜브 광고 성과 중 무엇을 말하는가?

> • 사용자가 동영상 광고를 시청하거나 광고에 참여한 횟수를 말한다.
> • 광고와의 상호작용, 예를 들어 클릭 유도 문구(CTA), 카드, 배너, 썸네일, 로고와 같은 동영상 광고의 요소를 클릭한 것도 이 횟수로 간주한다.

① 조회수   ② 클릭수

③ 참여수   ④ 노출수

64 다음 중 도달범위를 최대화하는 데 가장 적합한 유튜브의 광고 유형은 무엇인가?

① 범퍼 광고   ② 건너뛸 수 없는 동영상 광고

③ 인피드 동영상 광고   ④ 아웃스트림 광고

65 다음 중 유튜브의 타기팅에 대한 설명으로 옳지 않은 것은?

① 유튜브, 구글 동영상 파트너사의 사이트와 앱, 구글 등 네트워크 게재 여부를 선택할 수 있다.

② 특정 기기 타기팅을 통해 도달범위를 좁힐 수도 있다.

③ 광고가 게재될 국가, 언어를 캠페인 단위에서 설정할 수 있다.

④ 광고가 사용자에게 보이는 광고 일정은 설정할 수 있지만, 광고가 사용자에게 게재되는 게재 빈도를 제한할 수는 없다.

66 다음 중 도달범위 플래너에 대한 설명으로 옳지 않은 것은?

① 광고의 도달범위, 게재 빈도, 지출을 계획해 준다.

② 구글애즈에서 유료로 사용할 수 있다.

③ 다양한 조합의 캠페인 유형을 만들어 그 효과를 비교할 수 있다.

④ 광고 형식 및 예산 할당을 선택하거나 맞춤 미디어를 계획할 수 있다.

67 다음 중 유튜브의 광고 예산 설정에 대한 설명으로 옳지 않은 것은?

① 경우에 따라 평균 일일예산이 소진되지 않는 날도 있고 평균 일일예산을 초과하는 날도 있지만, 일일지출한도보다 많은 금액이 청구되거나 특정 월에 월별지출한도보다 많은 금액이 청구되지는 않는다.

② 총예산은 캠페인 전체 예산으로 설정된 기간 내에 소진된다.

③ 총예산을 사용하면 예산 범위를 초과하는 조회수나 노출수가 발생했을 때 설정해 두었던 예산 범위를 초과해 과금된다.

④ 특정 요일과 시간에 캠페인이 자동으로 ON/OFF 되도록 설정 가능하다.

68 다음 중 동영상 도달범위 캠페인이 유용한 경우에 대한 설명으로 틀린 것은?

① 인지도를 목표로 하는 광고주가 가장 적은 비용으로 최대한 많은 타깃에게 도달하고자 할 때 유용하다.

② 도달범위를 목표로 하는 광고주가 가장 적은 비용으로 최대한 많은 타깃에게 도달하고자 할 때 유용하다.

③ 같은 사용자에게 여러 번 도달하여 광고 회상을 개선하고 제품 또는 서비스의 구매를 고려하도록 유도하려는 경우에 유용하다.

④ 시청자에게 특정 순서로 광고를 게재하여 제품 또는 브랜드 스토리를 전달하려는 경우에 유용하다.

69 다음 중 유튜브 맞춤 동영상 추천에 영향을 주는 요소가 아닌 것은?

① 과거에 시청 이력이 있는 영상과 관련된 영상

② 사용자가 시청하는 기기 환경에 적합한 영상

③ 현재 보고 있는 영상과 관련된 영상

④ 사용자가 구독 중인 채널과 관련된 영상

70 다음 중 유튜브 광고 소재에 대한 설명으로 적절하지 않은 것은?

① 캠페인별로 최대 50개까지 광고를 만들 수 있다.

② 관련성이 있는 광고 제목, 클릭 유도 문구, 시청자의 참여를 유도할 수 있는 기타 광고 소재 기능을 제공하는 것이 중요하다.

③ 유튜브의 템플릿을 사용하여 애셋 라이브러리에서 동영상을 만들거나, 유튜브에 업로드한 동영상을 선택할 수도 있다.

④ 모든 광고 형식에서 사용할 수 있는 광고 소재 옵션은 내 유튜브 동영상, 클릭 유도 문구, 최종 URL이다.

71 다음 중 카카오 비즈보드 익스팬더블에 대한 설명으로 맞지 않는 것은?

① 카카오 비즈보드 익스팬더블은 카카오 비즈보드의 프리미엄 확장 형태이다.

② 카카오 비즈보드 익스팬더블은 동영상형, 이미지형, 멀티형의 유형이 있다.

③ 비즈보드 익스팬더블은 카카오톡 친구탭, 채팅탭, 오픈채팅탭에서만 노출된다.

④ 카카오 비즈보드 CPT에서는 익스팬더블을 집행할 수 없다.

72 다음 중 카카오 디스플레이 광고에 대한 설명으로 옳지 않은 것은?

① 네이티브형을 사용하면 하나의 소재에 최대 10개의 상품 정보를 효과적으로 노출할 수 있다.

② 1일 독점이나 시간대 노출 보장으로도 구매할 수 있다.

③ 입찰 방식은 CPC와 CPM이다.

④ 광고 목표로 방문과 전환을 설정할 수 있다.

73 다음 중 신규 캠페인 생성이 불가능한 카카오 광고 상품은 무엇인가?

① 새소식 광고

② 스폰서드 보드

③ 알림 광고

④ 스마트채널 광고

74 클릭수 4,000건을 얻는 데 광고비가 200만 원이 소요되었다면 CPC는 얼마인가?

① 5,000원

② 800원

③ 500원

④ 8,000원

75 다음 중 카카오 비즈보드 광고의 목표로 설정할 수 없는 것은 무엇인가?

① 도달　　　　　　　　　② 방문

③ 조회　　　　　　　　　④ 전환

76 다음 중 네이버의 광고 유형 중 CPM 방식으로 집행할 수 없는 광고 상품은 무엇인가?

① 풀스크린 광고

② 스마트채널 광고

③ 소셜 광고

④ 네이티브(피드) 광고

77 다음 중 네이버에서 밴드 새소식 광고를 집행할 수 있는 광고 플랫폼은 무엇인가?

① 밴드 파트너센터

② 네이버 NOSP

③ 네이버 GFA

④ 밴드 비즈센터

78 다음 중 네이버 밴드 네이티브(피드) 광고의 소재에 대한 설명으로 옳지 않은 것은?

① 단일 이미지, 슬라이드, 동영상 소재 모두 사용할 수 있다.

② 동영상 하단에 캠페인 이름 등을 등록할 수 있고, 원하는 URL, 행동 유도 버튼을 삽입할 수 있다.

③ 동영상은 1:1 또는 1.91:1의 비율을 사용할 수 있다.

④ 밴드 네이티브 광고에서는 하나의 소재에 최대 10개의 상품 정보 노출이 가능하다.

79 다음 중 동영상 소재를 사용할 수 있는 네이버 피드 광고의 캠페인 목적으로 적합하지 않은 것은?

① 동영상 조회   ② 앱 설치

③ 웹사이트 전환   ④ 웹사이트 트래픽

80 다음 중 트위터(엑스) 광고가 아닌 것은?

① 브랜드 해시태그   ② 테이크오버

③ 프로모션   ④ 컬렉션

PART 02

시행처 공개문제

Chapter 01 A형 샘플문제

Chapter 02 B형 샘플문제

Chapter 01 | A형 샘플문제

1과목 [01~08]

01 다음 중 소셜미디어와 매스미디어에 대한 설명으로 틀린 것은?

① 매스미디어가 소셜미디어보다 사용자에게 도달 범위가 작다.

② 매스미디어는 일방향적 소통이지만 소셜미디어는 양방향 소통이 가능하다.

③ 소셜미디어는 블로깅과 퍼블리싱 네트워크도 포함한다.

④ 기술이 발전할수록 다양한 소셜미디어 플랫폼이 생성되고 있다.

02 다음 중 소셜미디어가 매스미디어에 비해 우위를 점하고 있는 요소가 아닌 것은?

① 사회적 관계   ② 정보의 공유

③ 인맥 형성   ④ 대량의 메시지 전달

03 다음 소셜미디어 중 짧은 포맷의 영상 콘텐츠를 업로드하는 플랫폼 중 하나로 중국 기업이 만든 것은?

① 인스타그램   ② 유튜브

③ 틱톡   ④ 페이스북

04 다음 중 소셜미디어 마케팅(Marketing)에 포함되지 않는 것은?

① SMM(Social Media Management) 마케팅

② Paid Ads(광고) 마케팅

③ Content Marketing

④ SEO(Search Engine Optimization)

05 다음 중 소셜 네트워크 서비스의 종류로 분류하기 어려운 서비스는?

① 네이버 밴드 ② 카카오스토리

③ 소셜 다이닝 ④ 링크드인

06 다음 중 소셜 마케팅 전략을 통해 비즈니스가 가질 수 있는 이점이 아닌 것은?

① 브랜드 인지도 향상 ② 새로운 고객확보의 기회 제공

③ 검색 SEO 최적화 ④ 마케팅 비용 절감

07 다음 중 기업에서 소셜미디어 도입과 관련하여 부정적 피드백(댓글)의 폐해가 우려 될 시 고려할 수 있는 '소셜미디어 대응 프로세스'가 아닌 것은?

① 감정(Assessment) ② 평가(Evaluation)

③ 대응(Response) ④ 보고(Report)

08 다음 중 마케팅에서 제품 · 서비스를 사용할 핵심 고객(타깃)을 이해하기 위해 가상 의 고객(타깃)을 정의하는 방법을 나타내는 용어로 배우들이 쓰던 가면을 가리키는 단어에서 유래된 것은?

① 페르소나 ② 세그먼트

③ 프로모션 ④ 포지셔닝

09 다음 중 메타 광고캠페인 준비사항에 대한 설명으로 틀린 것은?

① 인스타그램 지면에만 광고 노출을 원하는 경우 페이스북 페이지 없이 비즈니스 관리자를 통해 세팅하면 된다.

② 인스타그램의 공개 콘텐츠 중 '슬라이드형' 게시물을 이용해서 '브랜드 인지도 증대'를 목표로 광고를 진행할 수 있다.

③ 매출을 위해 전환 캠페인을 세팅하기 위해서는 페이스북 전환 이벤트 준비가 필요하다.

④ 앱 설치 캠페인을 위해서는 페이스북 앱 등록 없이 진행할 수 없다.

10 다음에서 설명하는 캠페인 세팅 시 적절한 전략은 무엇인가?

> 고객이 신제품의 브랜드 인지도 증대를 위해 TV CF를 제작했다. 해당 브랜드의 비즈니스 목표는 조회수의 극대화이기 때문에 동영상 조회수 목표 캠페인이 적합하다고 판단하였다. 이 브랜드는 자동 노출 위치를 사용해서 CPV 효율성 확보를 하려고 한다.

① 최근 스토리형 세로형 영상이 인기가 많으므로 세로형(9:16) 동영상만 사용한다.

② 페이스북 노출 지면과 인스타그램 지면에 적합한 1:1 비율의 동영상을 제작한다.

③ 자동 노출 위치 및 자산 맞춤 설정을 사용하고 노출 위치별로 다양한 화면비를 사용한다.

④ Messenger 스토리는 9:16 비율보다 1:1 비율이 적합하다.

11 다음 중 오프라인에서 발생하는 매출에 미치는 메타 광고의 영향력을 측정하고자 한다면, 페이스북 비즈니스 솔루션에서 어떤 기능 활용을 고려해야 하는가?

① 메타 픽셀   ② 메타 SDK

③ 브랜드사의 로열티 프로그램   ④ 메타 오프라인 전환 API 기능

12 다음 중 메타의 Shops 광고 솔루션 기능이 아닌 것은?

① 쇼핑 맞춤 타깃   ② 제품이 태그된 브랜디드 콘텐츠
③ 라이브 쇼핑   ④ 제품이 태그된 다이내믹 광고

13 1st Party Data와 핵심 타깃을 조합하여 타기팅하고 있는 온라인 소매업체가 있다. CPA가 상승하고 있어 거래량이 늘지 않고 있는 상황이라면 다음 중 어떤 전략이 적합한가?

① 전환 캠페인 선택, 노출 위치 확장, 유사 타기팅
② 전환 캠페인 선택, 노출 위치 확장, 핵심 타기팅
③ 트래픽 캠페인 선택, 노출 위치 확장, 관심사 기준 타기팅
④ 트래픽 캠페인 선택, 노출 위치 확장, 웹사이트 리타기팅

14 다음 중 광고캠페인 진행 시 Meta 픽셀을 통해 활용할 수 있는 이점이 아닌 것은?

① 캠페인을 측정하기 위한 지표를 파악하고 설정
② 광고를 노출하기에 알맞은 타깃 생성
③ 캠페인을 통해 유입된 사용자의 행동 분석
④ 광고 전환 최적화를 통한 성과 증대

15 다음에서 페이스북 비즈니스 광고의 노출지면 중 Audience Network 지면에 노출이 어려운 캠페인 목표를 모두 고르시오.

㉠ 브랜드 인지도	㉡ 도달
㉢ 참여	㉣ 잠재고객 확보

① ㄱ, ㄴ   ② ㄱ, ㄷ   ③ ㄱ, ㄴ, ㄹ   ④ ㄱ, ㄴ, ㄷ, ㄹ

16 다음 중 페이스북 비즈니스 광고의 머신러닝을 설명하는 내용 중 가장 적합한 것은?

① 머신러닝으로 입찰 구매와 미디어 플래닝 등을 모두 처리할 수 있다.

② 머신러닝은 알고리즘과 예측 분석을 통해 최적의 입찰가로 적합한 타깃을 찾는다.

③ 머신러닝은 클라이언트 비즈니스의 목표를 캠페인 목표에 맞게 자동으로 설정해 준다.

④ 위 3가지 모두 적합하지 않다.

17 다음 중 머신러닝의 중요한 요소인 캠페인의 유동성이 최적의 상태로 설정되었을 때, 예상되는 이점이 아닌 것은?

① 캠페인 목표를 정하는 단계에서 어떤 목표로 최적화할지를 결정할 수 있다.

② 머신러닝을 통해서 캠페인의 새로운 타깃을 파악하는 데 도움을 얻을 수 있다.

③ 머신러닝을 통해 웹사이트에 방문 가능성이 높은 핵심타깃의 데이터를 얻을 수 있다.

④ 타깃 A/B 테스트를 통해 예산 분배 예측치를 파악할 수 있다.

18 다음 중 광고 에이전시에서 지역, 인구통계에 대한 페이스북 사용자의 집계정보를 포함하여 페이스북 페이지를 팔로우한 타깃에 대해 확인 가능한 페이스북의 도구는?

① 캠페인 플래너 ② Foresight(이전 명칭: Facebook IQ)

③ 잠재고객(타깃) 인사이트 ④ 광고 관리자

19 다음 중 메타의 광고 시스템에서 캠페인 실적을 파악하기 위해 사용할 수 있는 3가지 '측정 방법' 및 '지표'를 나타내는 용어가 아닌 것은?

① Conversion Rate ② Audience Network

③ A/B Testing ④ Brand Lift Survey

20 다음 중 Meta Business Suite 기능 및 설명으로 틀린 것은?

① Meta Business App Family 광고를 운영 및 추적한다.

② 페이스북 페이지, 광고 계정 등의 자산 관리한다.

③ 비즈니스 관리 지원을 위해 대행사나 마케팅 파트너를 추가한다.

④ 상거래 관리자를 통한 주문 배송 추적관리는 제공하지 않는다.

21 Meta Business Suite에서 다양한 광고세트를 시나리오별로 구성하였지만 캠페인의 성과는 극대화하고자 한다면 이에 가장 적합한 예산 전략 방안으로 알맞은 것은?

① CBO를 이용해 광고세트들이 전반적으로 목표에 맞게 예산 분배가 되도록 최적화한다.

② 캠페인의 각 광고세트에 동등하게 예산 분배한다.

③ 성과가 가장 좋을 것 같은 광고세트에 예산을 가장 높게 할당한다.

④ 광고 기간 동안 수동으로 광고세트를 ON/OFF 한다.

22 다음 중 메타에서 제공하는 노출 위치 자산 맞춤화에 대한 설명 중 틀린 것은?

① 페이스북(Meta)과 연결된 Stock 사이트를 통해 이미지를 자동으로 제공한다.

② 고객의 기본 언어 설정에 따라 광고의 언어를 자동으로 번역한다.

③ 노출 위치에 따라 이미지를 자르거나 수정할 수 있다.

④ 노출 위치별로 사용된 이미지 또는 텍스트는 변경할 수 없다.

23 다음 중 크리에이티브의 유연성을 제공하기 위한 페이스북 비즈니스 솔루션의 기능 중 다이내믹 크리에이티브(DCO)와 다이내믹 언어 최적화(DLO)에 대한 설명으로 틀린 것은?

① 다이내믹 크리에이티브 기능을 이용해 타깃에게 크리에이티브 성과를 비교할 수 있다.

② 여러 타깃을 대상으로 어떤 크리에이티브가 가장 효과적인지 테스트할 수 있다.

③ 글로벌 캠페인 시 고객의 기본 언어에 맞게 문구를 자동으로 번역한다.

④ DLO는 모든 노출 위치에 자동번역을 지원한다.

24 약 6개월 전에 전환 픽셀 스크립트 설치를 완료한 온라인 커머스몰이 있다. 이 몰의 매출 상승을 위한 가장 적절한 캠페인 목표와 최적화 기준은?

① 전환 캠페인 목표 및 가치최적화 기준

② 전환 캠페인 목표 및 일일 고유 도달 최적화 기준

③ 트래픽 캠페인 목표 및 랜딩페이지 조회 최적화 기준

④ 트래픽 캠페인 목표 및 링크클릭 최적화 기준

25 Meta Business Suite는 크리에이터와 퍼블리셔가 콘텐츠를 수익화할 수 있는 기능을 제공하는데, 이때 수익화할 수 없는 콘텐츠는 무엇인가?

① Meta에서 광고 형태로 제공하는 프리롤 광고가 삽입된 인스트림 광고

② 지역 차단 관리 설정이 되어 있는 페이스북 인스트림 광고

③ 여러 언어로 제공되는 페이스북 인스트림 광고

④ 라이브 방송의 인스트림 광고

26 다음 중 메타의 앱 패밀리의 커뮤니티 규정의 목표와 가치가 아닌 것은?

① 콘텐츠의 진실성 보장을 위한 허위 계정 생성 차단

② 사람의 존엄성과 권리 보장을 위해 괴롭힘과 모욕적인 콘텐츠 차단

③ 개인정보와 사생활 보호를 위한 개인정보 보호기능 제공

④ 표현의 자유를 위해서 개인뉴스는 제한 없이 자유롭게 보장

27 다음 중 인스트림 동영상, 인스턴트 아티클, Audience Network에서 광고주가 차단할 수 있는 콘텐츠 카테고리가 아닌 것은?

① 도박 콘텐츠   ② 성인용 콘텐츠

③ 주류 및 정치 콘텐츠   ④ 참사 및 분쟁 콘텐츠

28 다음 중 메타의 앱 패밀리(광고 노출 지면)에 가장 낮은 비용으로 광고를 최적화하기 위한 자동 게재 위치 사용에 대한 장점 중 틀린 것은?

① 동일한 예산으로 더 많은 전환결과를 얻을 수 있다.

② 캠페인의 광고가 페이스북 앱 패밀리 전반에 걸쳐 노출된다.

③ 동일한 예산으로 더 많은 타깃에게 도달할 수 있다.

④ 광고 게재 위치를 세밀하게 제어할 수 있다.

29 다음 중 메타의 비즈니스 광고와 연관되어 비즈니스 성장을 위해 고객에게 노출할 수 있는 앱에 대한 설명 중 틀린 것은?

① Facebook은 비즈니스 페이지를 통해 광고할 수 있다.

② Instagram은 사진과 동영상을 공유하며 영감을 얻고 새로운 관계를 만들어 나갈 수 있다.

③ Messenger를 통해 더 많은 신규고객 확보가 가능하다.

④ WhatsApp은 고객들과의 소통에서 별로 도움이 되지 못한다.

30 다음 중 클라이언트의 비즈니스 목표를 설정하기 위해 질문해 볼 수 있는 예시가
아닌 것은?

① 캠페인에 대한 수치적·정량적 목표치와 달성 시기
② 신규 캠페인을 위한 광고 크리에이티브 유무
③ 이전 마케팅 활동에 대한 히스토리와 성공 여부
④ 새로운 주요 경쟁업체로 인한 시장 변화 유무

31 다음 중 캠페인을 위해 무엇을 노력해야 하는지를 정확하게 알 수 있도록 잘 정의
된 비즈니스 목표는 무엇인가?

① 20~30대 여성 타깃으로 TV CF 광고영상 제작
② 작년 4분기 대비 브랜드 사이트 회원가입수 증대
③ 내년 1분기까지 금년 4분기 대비 동일한 광고 비용으로 ROAS 350% 달성
④ 충성고객 증대를 위해 앱을 개발

32 다음 중 비즈니스 광고 관리자에서 캠페인을 신규로 세팅할 때, 광고세트 수준에서
선택할 수 없는 것은?

① 광고 전환 추적 옵션
② 광고 노출 위치 설정 옵션
③ 광고 타기팅(핵심 타깃, 유사 타깃, 맞춤 타깃) 옵션
④ 광고 예산 및 일정 옵션

33 다음 중 광고 목표에 따라 이용 가능한 광고 게재 최적화 방법 중 틀린 것은?

① 광고상기도 성과 증대: 최대한 많은 사람이 광고를 본 것을 기억하도록 게재

② 도달: 타깃에게 광고를 최대한 여러 번 게재

③ 랜딩 페이지 조회: 웹사이트 또는 인스턴스 경험(캔버스)을 읽어 들일 가능성이 높은 타깃에게 광고를 게재

④ 앱 이벤트: 특정 액션을 1회 이상 취할 가능성이 가장 높은 타깃에게 광고 게재

34 다음 중 페이스북 비즈니스 광고의 광고 방식으로 가장 적합한 것은?

① CPC(Cost Per Click)

② CPM(Cost Per Mille)

③ oCPM(optimize Cost Per Mille)

④ CPM 모델은 Awareness 목표에 적용되며, 그 외에는 oCPM 비딩 방식을 사용한다.

35 다음 중 메타 광고의 타기팅 방식에 대한 설명으로 틀린 것은?

① 핵심 타깃: 연령 · 관심사 · 지역 등의 기준에 따라 타깃을 정의하고 타깃

② 맞춤 타깃: 온라인이나 오프라인에서 비즈니스에 반응을 보인 타깃

③ 유사 타깃: 소스타깃을 기준으로 유사유저를 타깃으로 생성

④ 특별광고 타깃: 고객데이터를 기반으로 광고 카테고리에 상관없이 사용 가능한 타깃

36 다음 중 페이스북 비즈니스 설정탭 메뉴 중 데이터 소스에 포함된 메뉴 항목이 아닌 것은?

① 카탈로그

② 도메인

③ 맞춤 전환

④ 픽셀

37 다음 중 YouTube(이하 유튜브)의 최초 건너뛰기(Skip, 스킵)가 가능한 동영상 광고로, 조회 가능성이 높은 시청자에게 광고를 게재하는 방식의 광고 상품은 무엇인가?

① 트루뷰 인스트림(Trueview Instream)

② 범퍼 광고(Bumper Ad)

③ 트루뷰 비디오 디스커버리(Trueview Video Discovery)

④ CPM 마스트헤드(Masthead)

38 다음 중 트루뷰 인스트림 광고의 과금 방식은 무엇인가?

① CPC(Cost Per Click)   ② CPA(Cost Per Action)

③ CPM(Cost Per Mille)   ④ CPV(Cost Per View)

39 다음 중 트루뷰 인스트림 광고 노출 시 '건너뛰기' 버튼이 노출되는 시점으로 알맞은 것은?

① 3초 후   ② 5초 후   ③ 7초 후   ④ 10초 후

40 다음 중 영상 길이가 1분(60초)일 때 트루뷰 인스트림 광고 집행 시 과금이 되는 시점으로 알맞은 것은?

① 10초 시청   ② 20초 시청   ③ 30초 시청   ④ 60초 시청완료

41 다음 중 트루뷰 인스트림 광고가 노출되는 위치로 알맞은 것은?

① 유튜브 홈피드   ② 유튜브 검색결과

③ 유튜브 영상 시청페이지   ④ 유튜브 영상 시청페이지 하단

42 다음 중 트루뷰 인스트림 광고의 과금 유형으로 틀린 것은?

① 영상 내 랜딩 URL 클릭 시　　　② '건너뛰기' 버튼 클릭 시

③ 컴패니언 배너 클릭 시　　　　　④ CTA(Call To Action)

43 다음 중 트루뷰 인스트림 광고에서 15초 영상 소재를 사용할 경우 과금 시점으로 알맞은 것은?

① 5초 시청 시　　　　　　　　　② 7초 시청 시

③ 10초 시청 시　　　　　　　　　④ 15초 시청 완료 시

44 다음 중 트루뷰 동영상 광고 집행 시 허용되는 영상 소재 길이로 적합한 것은?

① 15초 미만　　　　　　　　　　② 30초 미만

③ 60초 미만　　　　　　　　　　④ 제한 없음

45 다음 중 트루뷰 동영상 광고의 최소 CPV 입찰단가로 적합한 것은?

① 50원　　　　　　　　　　　　② 100원

③ 없음　　　　　　　　　　　　④ 200원

46 다음 중 구글의 광고 프로그램인 구글애즈(Google Ads)에서 할 수 없는 광고는 무엇인가?

① 유튜브 동영상 광고　　　　　　② 구글 앱 광고

③ 구글 디스플레이 광고　　　　　④ 유튜브 라이브 스트리밍

47 다음 중 트루뷰 광고 집행 시 광고영상 소재를 등록해야 하는 위치로 알맞은 것은?

① 구글애즈(Google Ads) 광고탭   ② 유튜브 채널
③ 홈페이지   ④ SNS 페이지

48 다음 중 트루뷰 비디오 디스커버리 광고의 과금 방식으로 알맞은 것은?

① 썸네일 or 텍스트 클릭 후 영상을 30초 이상 시청 시
② 썸네일 or 텍스트 클릭 후 영상을 5초 이상 시청 시
③ 썸네일 or 텍스트 클릭 시
④ 광고영상 공유, 좋아요, 댓글, 구독 클릭 시

49 다음 중 트루뷰 비디오 디스커버리 광고 클릭 시 연결되는 곳으로 알맞은 것은?

① 광고영상 시청 페이지   ② 기업 홈페이지
③ 기업 SNS 채널   ④ 기업 이벤트 페이지

50 다음 중 트루뷰 인스트림 광고 시 사용하는 컴패니언 이미지 배너의 크기로 적합한 것은?

① 300×50px   ② 300×60px
③ 300×100px   ④ 486×80px

51 다음 중 조회율에 대해 올바르게 설명한 것은?

① 광고를 건너뛴 시청자 비율   ② 광고 노출 대비 클릭 비율
③ 광고 노출 대비 조회 비율   ④ 광고 노출 대비 시청 완료 비율

52 다음 중 동영상 광고가 시작된 이후 15초 동안 건너뛰기가 불가한 광고 상품은 무엇인가?

① 건너뛸 수 없는 광고   ② 트루뷰 인스트림 광고
③ 트루뷰 비디오 디스커버리 광고   ④ 범퍼 광고

53 다음 중 유튜브 채널 내 영상 조회수가 카운팅되지 않는 광고는 무엇인가?

① 트루뷰 인스트림 광고   ② 건너뛸 수 없는 광고
③ 트루뷰 비디오 디스커버리 광고   ④ 정답 없음

54 다음 중 트루뷰 인스트림 광고 집행 시 노출수 100,000회, 조회수 20,000회인 영상의 조회율로 알맞은 것은?

① 20%   ② 2%
③ 0.2%   ④ 10%

55 다음 중 6초 범퍼 광고의 과금 방식은 무엇인가?

① CPC   ② CPV
③ CPD   ④ CPM

56 다음 중 범퍼 광고의 작동 방식 설명으로 틀린 것은?

① 최대 6초의 건너뛸 수 없는 동영상 광고
② 범퍼 광고 집행 시 영상 조회수는 증가하지 않음
③ 입찰 방식으로 CPM 또는 CPC 선택 가능
④ 효과적인 인지도 및 도달 확대 등의 목표 달성 가능

57 다음 중 유튜브 동영상 광고가 게재되지 않는 곳은?

① 구글 디스플레이 네트워크 동영상 파트너

② 구글 검색 결과

③ 유튜브 영상 시청페이지

④ 유튜브 홈피드(첫 화면)

58 다음 중 개별 시청자에게 특정 순서로 광고를 게재하여 제품 또는 브랜드 스토리를 전달하는 방식은 무엇인가?

① 아웃스트림   ② 광고 시퀀스

③ 디렉터 믹스   ④ 광고 균등 게재

59 다음 중 유튜브 광고 검수 소요 시간은?

① 대부분의 광고는 영업일 기준 1일(24시간) 이내 검토 완료

② 대부분의 광고는 영업일 기준 1시간 이내 검토 완료

③ 대부분의 광고는 영업일 기준 12시간 이내 검토 완료

④ 대부분의 광고는 영업일 기준 2일(48시간) 이내 검토 완료

60 다음 중 2개가 연속으로 게재되는 동영상 광고가 허용되는 유튜브 내 영상 콘텐츠의 길이는?

① 1분 이상

② 3분 이상

③ 5분 이상

④ 영상 길이와 상관없음

61 다음 중 유튜브 광고가 불가한 동영상 등록 상태는 무엇인가?

① 유튜브 채널 내 '미등록' 상태

② 유튜브 채널 내 '등록' 상태

③ 유튜브 채널 내 '비공개' 상태

④ 해당 사항 없음

62 다음 중 유튜브 광고 시 동일 유저에게 반복적으로 광고가 노출되는 것을 최소화하기 위해 적합한 최적화 방법은 무엇인가?

① 광고 게재 빈도 설정을 통한 인당 광고 노출수 제한

② 광고 게재 방식을 빠른게재에서 일반게재로 변경

③ 광고 게재 방식을 일반게재에서 빠른게재로 변경

④ 광고 타기팅 2개 이상 설정

63 다음 중 비디오 리마케팅 목록에서 설정할 수 있는 초기 목록 기간은?

① 30일   ② 7일

③ 14일   ④ 60일

64 다음 중 중복 시청을 최소화하고 순시청자를 최대한 늘리기 위한 방법은?

① 광고 예약 기능을 통해 특정 시간대만 광고 노출

② 광고 게재 빈도 설정

③ 광고 입찰가 최소화

④ 광고 일반게재 설정

65 다음 중 목표 타깃 도달범위 및 예산별 적합한 광고 포맷과 상품 조합 등이 가능한 구글애즈 내 플래닝 도구(Tool)는 무엇인가?

① 크로스 미디어 인사이트(Cross Media Insight-XMI)

② 브랜드 리프트 서베이(Brand Lift Survey)

③ 도달범위 플래너(Reach Planner)

④ 유튜브 서치 업리프트 리포트(Youtube Search UpLift Report)

66 다음 중 유튜브 동영상 광고 게재 순위를 산정하는 데 포함되지 않는 요소는 무엇인가?

① CPV 입찰가

② 영상 조회율

③ 영상 클릭률

④ 영상 좋아요, 댓글, 공유 등의 수치

67 다음 중 유튜브 채널 수익 창출 조건에 해당되지 않는 것은?

① 구독자 10,000명 초과

② 최근 12개월간 유효 시청 시간 4,000시간 이상

③ 연결된 애드센스

④ 채널 커뮤니티 가이드 위반 경고 없음

68 다음 중 카카오 광고의 과금 방식이 아닌 것은?

① CPC(Cost Per Click)

② CPA(Cost Per Action)

③ CPM(Cost Per Mille)

④ CPI(Cost Per Install)

69 다음 중 카카오 광고의 기본 타기팅 방식이 아닌 것은?

① 키워드 타깃　　　　　② 카테고리 타깃

③ 지역 타깃　　　　　　④ 리타기팅 타깃

70 다음 중 광고가 게재되고 있지 않은 상황은 무엇인가?

① 광고 '승인' 상태　　　　② 광고 '운영중' 상태

③ 광고 '제한적 승인' 상태　④ 광고 '검토중' 상태

71 다음 중 쇼핑업종에서 카카오 광고의 타기팅 예시가 아닌 것은?

① 오프라인 매장 위치에 있는 유저

② 쇼핑 카테고리에 플친 맺은 유저

③ 제품명을 검색한 유저

④ 고객 상담을 받은 유저

72 다음 중 카카오 광고에서 동영상 광고의 노출 위치가 아닌 것은?

① 카카오톡 콘텐츠 영역

② 다음 모바일앱 뉴스탭 영역

③ 카카오스토리 피드 영역

④ 카카오페이 메인 영역

73 다음 중 카카오 비즈보드의 특성이 아닌 것은?

① 카카오톡 채팅리스트의 최상단에 위치한 배너이다.

② 캠페인 목표에 따라서 픽셀 또는 SDK를 설치하여 활용한다.

③ 여러 가지 랜딩페이지를 만들 수 있다.

④ 동영상 광고가 가능하다.

74 다음 중 카카오 비즈보드의 노출 영역에 대한 설명으로 틀린 것은?

① 카카오톡 채팅탭 최상단 영역만 노출이 불가능하며 카카오서비스에 동시 노출된다.

② 카카오버스, 카카오지하철, 카카오내비 등에 노출된다.

③ 다음(Daum) 영역에 노출된다.

④ URL, 포스트 랜딩소재에 한해서 외부 네트워크 영역에 노출된다.

75 다음 중 네이버 밴드에 대한 설명으로 알맞지 않은 것은?

① 월간 2,000만 명의 순 이용자가 이용하는 국내 소셜미디어 1위 매체이다.

② 남성과 여성의 비율이 8:2로 압도적으로 남성의 이용자가 많다.

③ 핵심 구매연령인 30대~50대 이용자가 많다.

④ 페이스북, 인스타그램 이용자 대비 40대와 50대가 가장 많이 사용한다.

76 다음 중 네이버 밴드에서 집행 가능한 디스플레이 광고 상품명이 아닌 것은?

① 풀스크린 광고

② 인터랙티브 광고

③ 네이티브 피드 광고

④ 스마트채널 광고

77 다음 중 네이버 밴드의 광고 상품별 과금 방식으로 올바르지 않은 것은?

① 풀스크린광고는 광고집행을 보장하는 보장형 광고이며 고정가격이다.

② 네이티브 피드광고와 스마트채널광고는 입찰을 통하여 노출되는 성과형이다.

③ 네이티브 피드광고는 CPM, CPC, CPV 과금을 사용할 수 있다.

④ 스마트채널 광고는 CPC 입찰방식만 있다.

78 다음 중 네이버 밴드에서 앱 종료 시 노출되는 1일 1광고주 단독 노출 상품으로 브랜드 인지 효과 및 클릭을 극대화할 수 있는 안드로이드 전용 상품은 무엇인가?

① 네이티브 광고   ② 스마트채널 광고

③ 동영상 광고   ④ 풀스크린 광고

79 다음 중 네이버 밴드 광고인 '네이티브 피드 광고'에 대한 설명 중 적절치 않은 것은?

① 리얼타임 비딩 광고 상품이다.

② 최소 입찰가는 CPM 110원, CPC 11원, CPV 11원이다.

③ GFA를 통해서 진행할 수 있다.

④ 캠페인 목적은 웹사이트 트래픽만 가능하다.

80 다음 중 네이버 밴드 광고인 '네이티브 피드 광고'의 타기팅 옵션에 대한 설명으로 틀린 것은?

① 시간 및 요일 타기팅이 가능하다.

② 성별 및 연령 타기팅이 가능하다.

③ 앱 기설치자 노출제외 타기팅이 모든 OS 타기팅에서 가능하다.

④ 맞춤 타깃으로 광고주의 브랜드를 알고 있거나 접한 적이 있는 대상 타깃이 가능하다.

Chapter
02 | B형 샘플문제

1과목 [01~08]

01 다음 중 인스타그램을 활용한 소셜 마케팅 전략에 대한 설명으로 틀린 것은?

① Instagram 스토리 광고에 설문 스티커를 활용해서 반응을 이끌어 낸다.

② Instagram Live로 고객들과 소통하며 충성고객을 확보해 나간다.

③ 피드와 스토리 릴스 등 이미지와 동영상에 제품 태그를 삽입한다.

④ 고객들에게 프로모션 내용에 대해서 DM을 지속적으로 보내어 참여를 유도한다.

02 다음은 소셜미디어 플랫폼에 대한 설명이다. 설명에 맞는 매체는 무엇인가?

- 2016년 150개 국가 및 지역에서 75개 언어로 시작한 서비스이다.
- 15초에서 3분 길이의 숏폼(Short-form) 비디오 형식으로 영상을 제작하고 공유할 수 있는 소셜 네트워크 서비스이다.
- 음악과 결합된 챌린지에 많이 활용되는 서비스로 미국 대중음악 시장에도 큰 영향을 미치고 있다.

① 틱톡　　　　　　② 스냅챗
③ 인스타그램 릴스　　④ X(엑스)

03 다음 중 소셜미디어 플랫폼별 강약점에 대한 설명으로 틀린 것은?

① 인스타그램은 다양한 필터 기능이 있다.

② 할인 프로모션 정보 전달은 페이스북보다 유튜브가 더 좋다.

③ 동일한 취향과 취미를 가진 사람들과 소통하기에는 네이버 밴드가 적합하다.

④ 크리에이터가 수익 창출하기에는 유튜브가 적합하다.

04 다음 중 인스타그램 공식 채널운영 시 권장하는 전략이 아닌 것은?

① 타깃 오디언스가 즐겨 검색하는 단어를 이용한 커뮤니티 해시태그 활용

② 프로모션 내용을 인플루언서가 리그램하여 포스팅

③ 인스타그램 크리에이터와 협업 시 브랜디드 콘텐츠 기능 활용

④ 이미지와 영상을 활용한 트렌디한 콘텐츠로 타깃에게 노출

05 기업 소셜미디어 담당자가 브랜드 콘텐츠 마케팅 전략을 구성하고 있다. 다음 중 가장 적합하지 않은 마케팅 전략은 무엇인가?

① 인스타그램의 경우 브랜드 콘셉을 보여 주는 계정과 인플루언서 계정을 분리하여 운영

② 긍정적인 리뷰 콘텐츠를 블로거들과 협력하여 제작 및 배포

③ 효율적인 인력 리소스 관리를 위해 최근 유행하는 틱톡 매체만 관리를 집중

④ 긍정적인 여론 형성을 위해 커뮤니티와 협력하여 프로모션을 진행

06 다음 중 초월(Beyond), 가상을 의미하는 단어와 세계를 의미하는 단어의 합성어로 코로나 이후에 소셜미디어 플랫폼에서 급속도로 진화하고 있는 분야의 알맞은 용어는 무엇인가?

① 증강현실   ② 메타버스

③ 가상현실   ④ NFT

07 다음이 뜻하는 용어는 무엇인가?

> • 동영상과 기록을 뜻하는 영어 단어의 합성어이다.
> • 유튜브 등의 동영상 플랫폼에서 유행했던 영상 콘텐츠 형태의 하나이다.
> • 영국 BBC 방송 〈비디오네이션〉이라는 시리즈물에서 시초가 되었다.

① 숏폼 콘텐츠 ② 기획 콘텐츠
③ 브이로그 ④ 라이브 스트리밍

08 디지털 놀이문화를 뜻하는 것으로 디지털 유행코드를 뜻하는 단어이며, 한국어로 '짤방'으로 불리는 단어를 무엇이라 하는가?

① 밈(Meme) ② MZ 세대
③ UCC ④ 바이럴 비디오

2과목 [09~80]

09 다음 중 정부 규제가 엄격한 기업이 메타의 노출 지면 옵션인 Audience Network 내 특정 퍼블리셔/웹사이트에서 광고를 게재하지 않으려고 한다. 어떤 캠페인 세팅 전략을 활용해야 하는가?

① Facebook과 Instagram만 캠페인을 진행한다.
② '제외해야 할 웹사이트'를 좋아하는 사용자를 제외 타기팅한다.
③ 노출 위치 중 Audience Network 선택을 해제하고 광고 노출하지 않는다.
④ 특정 퍼블리셔/웹사이트 차단리스트와 함께 자동 노출 위치를 사용한다.

10 다음 중 다양한 상품을 보유한 E-Commerce에서 컬렉션 광고를 이용해서 캠페인의 매출을 효과적으로 증대하기에 가장 적합한 크리에이티브 전략으로 알맞은 것은?

① 15초 동영상 및 전 제품의 카탈로그 연동

② 15초 커버 동영상 및 판매율이 높은 4개 상품으로 구성된 제품 세트

③ 가로 커버 이미지 및 전 제품의 카탈로그 연동

④ 가로 커버 이미지 및 판매율이 높은 4개 상품으로 구성된 제품 세트

11 최근 쿠키 지원을 중단하는 브라우저가 늘어나면서 웹사이트 전환 추적이 어려워짐에 따라 성과 저하 현상이 나타날 수 있다. 이와 같은 상황에서 캠페인 최적화를 위해 구현해야 하는 기능은?

① 자동 고급매칭   ② Facebook 성과 기여

③ 전환 API   ④ 수동 고급매칭

12 다음 중 카탈로그에 정기적으로 변경되지 않는 1,000개의 제품을 업로드해야 한다면, 관리자가 카탈로그에 제품을 추가할 수 있는 최적의 방법은?

① 수동 업로드

② 구글 스프레드 시트 대량 수동 업로드

③ 픽셀 사용

④ 전환 API 사용

13 다음 중 메타 '다이내믹 캠페인'을 준비하는 과정에서 메타 픽셀/SDK의 이벤트값 중 필수 이벤트값이 아닌 것은?

① ViewContent   ② AddToCart

③ Purchase   ④ CheckOut

14 다음 중 Meta '앱 캠페인'을 준비하는 과정에서 App Event를 측정하기 위해 선택할 수 있는 측정 솔루션이 아닌 것은?

① 메타 SDK   ② 메타 애플리케이션 API

③ MMP 배지가 있는 3rd Party Tool   ④ 메타 앱 이벤트 API

15 다음 중 브랜드의 TV CF 영상을 페이스북을 이용한 모바일 브랜드 캠페인에서 효과적으로 활용하기 위해 가장 적합한 방법은 무엇인가?

① 브랜드 TV CF 영상의 스토리 전체를 보여 주기 위해 무편집본 사용

② 기존 영상 자산에 자막을 추가

③ 최초 3초 이내에 브랜드 메시지를 노출하여 15~30초 영상으로 재구성하여 사용

④ 기존 영상을 1.91:1 포맷으로 변경하여 사용

16 브랜드에서 S/S 컬렉션 시즌 상품을 소개하려고 시즌 신상품 이미지 20개와 15초 짜리 동영상과 함께 사용해서 구매 고려도를 높이고자 한다. 다음 중 가장 적합한 광고 크리에이티브 형식은?

① 슬라이드쇼   ② 컬렉션   ③ 동영상   ④ 단일이미지

17 다음 중 모바일용 크리에이티브 스토리텔링 기법이 아닌 것은?

① 버스트: 스토리 구조를 전면에 드러내고 즐거움을 선사해서 끝까지 시청하게 만듦

② 셔플: 트레일러와 같이 콘텐츠를 짜깁기하여 첫 3~6초 이내에 주요 장면을 구성

③ 펄스: 스토리 구조를 패턴화하여 다음 순간 어떤 장면이 나올지 기대감 생성

④ 전개: 어느 정도의 시간 흐름을 통해 스토리를 전개

18 다음에서 설명하는 브랜드가 선택해야 할 입찰 방식으로 알맞은 것은?

> 브랜드는 광고에 대한 도달과 광고비용 지출의 예측을 중요하게 생각한다. 예산이 한정
> 되어 있으므로 선택한 기간에 타깃 고객에게 빈도를 기준으로 광고를 집행하고 싶다.

① CPM
② CPA
③ CPC
④ CPV

19 다음에서 설명하는 브랜드에는 어떤 목표가 사용되어야 하는가?

> 자사 페이스북에서 신규고객이 제품을 확인하고 메신저를 통해 대화하도록 유도함으로
> 써 잠재고객을 확보하고자 한다. 저렴한 비용으로 잠재고객과의 대화수를 최대화하고자
> 한다.

① 메시지 전달을 목표로 한 Messenger 연결광고
② 다이내믹 광고를 활용한 카탈로그 판매 캠페인
③ 메시지 전달을 목표로 한 컬렉션 광고
④ 매장 방문을 목표로 한 컬렉션 광고

20 다음 중 캠페인의 KPI가 400만 동영상 조회를 달성하면, 동영상 조회당 비용을
30원 이하로 유지하고자 할 때 적절한 예산은 얼마인가? (VAT 별도)

① KRW 20,000,000
② KRW 80,000,000
③ KRW 120,000,000
④ KRW 50,000,000

21 메타에서 지원하는 광고 형식에 대해 설명으로 적합하지 않은 것은 무엇인가요?

① 뉴스피드 또는 인스타그램 피드는 정사각형 이미지와 4:5 비율의 동영상이 적합하다.

② 스토리는 인터랙티브 요소나 스티커들을 활용하여 참여를 유도할 수 있다.

③ 인스트림 동영상은 버티컬 영상이 적합하다.

④ Messenger의 홍보 메시지는 모바일 전용이며 1.91:1 또는 16:9 이미지가 효과적이다.

22 다음에서 설명하고 있는 내용에 적합한 구매 유형과 옵션 기능으로 알맞은 것은?

> 클라이언트의 제품 영상을 스토리텔링 형태로 노출하기 위해 타깃그룹에게 광고 1편을 보여 준 후 2편을 보여 주고자 한다.

① 구매 유형: 경매, 기능: 일정 예약

② 구매 유형: 경매, 기능: 순차 게재

③ 구매 유형: 예약(이전 명칭: 도달 및 빈도 구매), 기능: 일정 예약

④ 구매 유형: 예약(이전 명칭: 도달 및 빈도 구매), 기능: 순차 게재

23 다음 중 메타의 다이내믹 광고에서 제공하는 카탈로그의 업종이 아닌 것은?

① 리테일/전자상거래　　　　② 여행

③ 금융　　　　　　　　　　④ 부동산

24 다음 중 메타의 광고 시스템에서 맞춤 타깃을 만들고자 할 때, 타깃 생성 시 사용할 수 있는 소스 옵션이 아닌 것은?

① 고객파일　　　　　　　　② 오프라인 활동

③ 메타 픽셀/SDK　　　　　④ Meta Business Suite 관심사

25 메타는 광고 경매에서 타깃에 대해 선택된 광고 순위를 지정하고 캠페인 목표와 가치에 적합한 광고를 찾는다. 다음 중 경매 광고 순위 낙찰에 영향을 미치는 요소가 아닌 것은?

① 광고주 입찰가

② 추산 행동률

③ 광고의 관련성과 품질

④ 입찰 조정 방식

26 다음 캠페인으로 지속하면 향후 어떤 진행 결과를 예상할 수 있는지 가능성이 높은 것은?

> 브랜드가 보유한 1st Party Data를 대상으로만 캠페인을 진행하고 있다. 현재 캠페인은 성공적으로 매출 성과가 실행되고 있어 만족도가 굉장히 높은 상태이다.

① 캠페인의 성과가 최적화되어 매출이 지속적으로 증대된다.

② 기존 고객에게 광고가 지속적으로 노출되면서 브랜드 충성도가 높아진다.

③ 광고 타깃이 한정적이어서 광고 예산을 늘려도 노출량이 줄어든다.

④ 크리에이티브만 지속적으로 변경해 준다면 광고 피로도가 적어 매출은 증대될 것이다.

27 새로운 모델 출시로 매출증대를 꾀하는 자전거 제조업체가 있다. '지난 시즌의 모델 구매에 관심을 보인 고객'을 대상으로 판매효과를 테스트해 보고자 한다. 이때 가장 필요한 데이터 소스는 무엇인가?

① 웹사이트 방문자

② 오프라인 CRM 데이터

③ 3rd Paty SDK

④ 온라인 구매전환 데이터

28 브랜드 캠페인 진행에 있어 도달 및 빈도를 조절하는 광고를 구매할 계획이다. 다음 중 해당 캠페인의 광고 인벤토리에 적용할 게재 비용 방식으로 적합한 것은?

① CPM　　　② CPA　　　③ CPV　　　④ CPC

29 커머스브랜드를 신규로 출시할 계획이다. 신규 고객을 유치하는 것이 브랜드의 목적일 때, 캠페인 타기팅 전략 추천으로 알맞은 것은 무엇인가?

① 위치 및 인구 통계기반의 폭 넓은 핵심 타깃
② 웹사이트 방문자 리타기팅, 고객은 제외
③ 위치 및 인구 통계기반을 토대로 구성한 팔로워 유사 타깃
④ 고객을 포함한 웹사이트 방문자 유사 타깃

30 다음 중 메타의 광고캠페인 목표에 적합하지 않은 것은?

① 브랜드 인지도 증대(Brand Awareness)
② 페이스북 페이지 좋아요(Facebook page Like)
③ 트래픽(Traffic)
④ 판매

31 다음 중 페이스북 광고 형식의 유형 중 카탈로그가 필요한 광고 형식은?

① 이미지 광고   ② 동영상 광고
③ 슬라이드 광고   ④ 컬렉션 광고

32 메타의 이미지 광고 모범사례를 설명하고 있는 내용에서 광고에 적합한 크리에이티브 접근 방식 중 틀린 것은?

① 페이스북의 다양한 노출 위치에 권장되는 화면 비율을 사용한다.
② 제품이나 서비스, 브랜드를 이미지 내에 노출하여 메시지를 효율적으로 전달한다.
③ 이미지 자체에 배너와 같이 많은 정보를 담은 텍스트로 정보를 전달한다.
④ 최소 픽셀 크기의 요구 사항을 확인해서 광고가 흐려지지 않도록 한다.

33 다음 중 메타에서 성과 측정을 위해 제공하는 데이터 소스 및 기능이 아닌 것은?

① 메타 픽셀   ② 전환 API
③ 메타 SDK   ④ Web Site Search Console

34 다음에서 목표 달성에 대한 평가를 하는 데 가장 좋은 KPI는 무엇인가?

> 브랜드의 올해 가장 중요한 목표는 매출을 올리는 것이다.

① 총 전환수   ② 총 광고 클릭수
③ 브랜드 인지도 상승도   ④ 총 광고 노출수

35 메타의 비즈니스 솔루션은 각 플랫폼과 기기 전반에 걸쳐 성과 측정 및 인사이트를
파악할 수 있다. 다음 중 그것을 가능하게 하는 것은?

① 전환 스크립트 픽셀   ② Facebook UID
③ 인터넷 쿠키   ④ 3rd Party SDK

36 다음 중 메타에서 다양한 디지털 인사이트와 마케팅 리서치 자료를 제공하는 도구
는 무엇인가?

① 비즈니스 관리자   ② 이벤트 관리자
③ Facebook IQ   ④ Meta Developers

37 다음 중 구글애즈 동영상 캠페인에서 사용할 수 없는 광고 로테이션 옵션은 무엇인가?

① 클릭 최적화   ② 조회 최적화
③ 전환 최적화   ④ 해당 사항 없음

38 다음 중 비디오 리마케팅에 대한 설명으로 옳은 것은?

① 비디오 리마케팅을 위해서는 태그를 심어야 한다.

② 영상이 업로드된 유튜브 계정과 유튜브 동영상 광고를 진행할 구글애즈 계정을 서로 연동해야 한다.

③ 시청자 목록 최대 365일까지 보관할 수 있다.

④ 비디오 리마케팅 적용 시 입찰가가 할증된다.

39 다음 중 비디오 리마케팅 목록으로 만들 수 없는 것은?

① 채널의 동영상 조회

② 채널 페이지 방문

③ 광고를 건너뛴 시청자

④ 채널 내 특정 영상에 댓글을 남긴 시청자

40 다음 중 비디오 리마케팅과 관련하여 잘못 설명한 것은?

① 1개 유튜브 채널에 여러 개의 구글애즈 계정을 연동할 수 있다.

② 비디오 리마케팅으로 생성한 목록은 GDN 광고로도 사용 가능하다.

③ 비디오 리마케팅을 위해서는 별도의 태그를 설치해야 한다.

④ 비디오 리마케팅은 광고 입찰가에 영향을 주지 않는다.

41 다음 중 브랜드가 보유한 이미지와 텍스트만으로 15초 유튜브 동영상 제작이 가능한 도구(Tool)는 무엇인가?

① 비디오 빌더(Video Builder)

② 비디오 애드 시퀀싱(Video Ads Sequencing)

③ 디렉터 믹스(Director Mix)

④ 범퍼 광고(Bumper Ad)

42 다음 중 구글의 맞춤형 메시지 동영상 자동화 솔루션으로, 타깃그룹별 맞춤 크리에이티브를 전달하는 방식의 도구(Tool)는 무엇인가?

① 비디오 빌더(Video Builder)

② 비디오 애드 시퀀싱(Video Ads Sequencing)

③ 디렉터 믹스(Director Mix)

④ 범퍼 광고(Bumper Ad)

43 다음 중 비디오 액션 광고에서 지원하지 않는 추가 기능은 무엇인가?

① 사이트링크 확장   ② 프로덕트 피드 확장

③ 앱 딥링킹 기능   ④ 지도 기능

44 다음 중 어린이 시청자만을 위한 맞춤 앱으로 가장 안전한 환경에서 광고 노출이 가능한 게재 위치는?

① 유튜브 키즈   ② 유튜브

③ 유튜브 뮤직   ④ 유튜브 프리미엄

45 다음 중 TV 방송사와 웹 오리지널 콘텐츠 채널을 선별해 판매하는 유튜브 예약형 광고 상품은 무엇인가?

① 마스트헤드   ② 프라임팩(Prime Pack)

③ SMR   ④ 유튜브 프리미엄

46 다음 중 유튜브 홈페이지 최상단에 노출되면 원하는 노출량만큼 구매해 노출시키는 광고 상품은?

① CPM 마스트헤드 ② 프라임팩
③ 트루뷰 비디오 디스커버리 ④ 범퍼 광고

47 다음 중 광고 구매(입찰) 방식이 다른 한 가지 상품은 무엇인가?

① 트루뷰 디스커버리 ② 트루뷰 비디오 디스커버리
③ CPM 마스트헤드 ④ 범퍼 광고

48 다음 중 유튜브 광고 성과를 측정할 수 있는 솔루션으로, 광고 상기도와 브랜드 인지도 등을 측정할 수 있는 도구(Tool)는 무엇인가?

① 크로스 미디어 인사이트(Cross Media Insight-XMI)
② 브랜드 리프트 서베이(Brand Lift Survey)
③ 도달범위 플래너(Reach Planner)
④ 유튜브 서치 업리프트 리포트(Youtube Search UpLift Report)

49 다음 중 트루뷰 동영상 광고에서 사용할 수 없는 타기팅은 무엇인가?

① 위치, 시간대, 기기 ② 생애주기
③ 맞춤 구매의도 ④ IOS 기기 특정 앱 사용자

50 다음 중 인구통계 타기팅에 해당되지 않는 것은 무엇인가?

① 성별, 연령 ② 자녀 유무
③ 소득수준 ④ 거주지

51 다음 중 콘텐츠 기반의 타기팅이 아닌 것은 무엇인가?

① 게재 위치　　　　　　　　② 리마케팅

③ 주제　　　　　　　　　　④ 키워드

52 다음 중 BTS 유튜브 채널에 광고를 게재하기 위해 사용할 수 있는 타기팅은 무엇인가?

① 주제　　　　　　　　　　② 게재 위치(채널)

③ 관심사　　　　　　　　　④ 리마케팅

53 다음은 유튜브 내 뉴스 관련 채널 영상에 광고를 게재하기 위해 적합한 타기팅은 무엇인가?

① 주제　　　　　　　　　　② 키워드

③ 구매의도　　　　　　　　④ 고객 일치

54 다음 중 특정 분야에 구매의도가 매우 높은 유저에게 광고를 노출할 수 있는 타기팅은 무엇인가?

① 리마케팅　　　　　　　　② 인구통계

③ 주제　　　　　　　　　　④ 구매의도

55 다음 중 20대 여성 쇼핑몰을 운영하는 광고주가 있다. 주요 고객인 20대 여성에게만 광고를 노출시킬 수 있는 타기팅 방식은 무엇인가?

① 시그널 이벤트　　　　　　② 인구통계

③ 생애주기　　　　　　　　④ 유사 잠재고객

56 다음 중 키워드 타기팅에 대한 설명으로 올바른 것은?

① 적용한 문맥을 기반으로 유튜브 내 영상 제목, 설명문구, 태그 등에 매칭이
되어 광고 노출

② 광고그룹당 20개 이상 문맥 사용 불가

③ 경쟁사 키워드 사용 불가

④ 일정 수량 이상 키워드 사용 시 과금비용 할증

57 다음 중 '브랜드 인지도 개선'을 목표로 트루뷰 캠페인 진행 시 가장 중요하게 평가
해야 할 실적은 무엇인가?

① 클릭률(CTR) 및 클릭당 비용(CPC)

② 조회율, 조회당 비용(CPV), 후속 조회수

③ 조회율 및 클릭당 비용(CPC)

④ 노출수, CPM, 영상 시청시간

58 다음 중 유튜브 애널리틱스를 통해 확인할 수 없는 지표는 무엇인가?

① 영상 재생 위치

② 영상 시청자 연령 및 성별

③ 영상을 시청하지 않고 건너뛴 시청자 비율

④ 영상 시청 시간

59 다음 중 특정 키워드가 포함된 영상, 특정 연령 및 성별 등을 제외하는 타기팅 방식
은 무엇인가?

① 관심사 타기팅 　　　　② 인구통계 타기팅

③ 리마케팅 　　　　④ 제외 타기팅

60 다음 중 동영상 광고 품질평가점수에 영향을 주지 않는 것은 무엇인가?

① 영상 조회율
② 영상 재생 진행률
③ 영상 클릭률
④ 동영상 광고비 수준

61 다음 중 유튜브 광고 소재 목적으로 제작해, 자신의 유튜브 채널에는 노출을 원치 않을 때 할 수 있는 채널 내 영상 업로드 옵션의 설정 방법은?

① 공개
② 비공개
③ 미등록
④ 예약

62 다음 중 유튜브 광고 형식이 아닌 것은 무엇인가?

① 반응형 디스플레이 광고
② 건너뛸 수 없는 인스트림 광고
③ 인피드 동영상 광고
④ 하루 24시간 마스트헤드 광고

63 다음 중 내 맞춤 잠재고객 세그먼트를 구축하는 데 사용되는 요소는 무엇인가?

① 언어, 위치, 성별, 연령
② 성별, 연령, 키워드, 웹사이트 URL
③ 관심사, 키워드, 주제, 게재 위치
④ 키워드, 게재 위치, 웹사이트 URL, 앱 다운로드

64 다음 중 구글애즈 광고캠페인에서 특정 기기 타기팅에 대한 설명으로 잘못된 것은?

① 특정 통신사 타기팅
② 특정 휴대전화 기기 타기팅
③ 컴퓨터, 휴대전화, 태블릿 타기팅
④ 특정 TV 브랜드 타기팅

65 크리에이터 제임스는 유튜브를 통해 자신이 자유롭게 창작하고 새로운 기회를 찾으면서 돈을 벌고 있다. 다음 중 유튜브의 수익 창출 프로그램을 바르게 설명한 것은?

① 크리에이터는 특정 구독자수를 초과하면 수익금을 받는다.
② 크리에이터는 유튜브 콘텐츠를 업로드할 때마다 수익금을 받는다.
③ 크리에이터는 브랜디드 콘텐츠 제작, PPL을 하면 수익금을 받는다.
④ 크리에이터는 콘텐츠에 게재되는 광고를 통해 수익금을 받는다.

66 다음 중 영상 시청 위치를 확인할 수 있는 Youtube Analytics 내 정보는 무엇인가?

① 트래픽 소스   ② 시청자 연령
③ 기기 유형   ④ 재생목록

67 다음 중 유튜브 콘텐츠(영상, 설명문구 등) 내에 사용이 가능한 외부 링크는?

① 멀웨어를 설치하는 웹사이트나 앱으로 연결되는 링크
② 음란물로 연결되는 링크
③ 기업의 상업적인 내용이 들어간 홈페이지, SNS 페이지, 이벤트 페이지
④ 사용자의 로그인 사용자 인증 정보, 금융 정보 등을 피싱하는 웹사이트 또는 앱으로 연결되는 링크

68 다음 중 유튜브 커뮤니티 가이드에 위반되지 않는 것은?

① 과도하게 자주 게시되거나 반복되거나 뚜렷한 대상이 없는 콘텐츠
② 제목, 썸네일, 설명란을 이용하여 사용자가 콘텐츠의 내용을 다른 내용으로 오해하도록 하는 콘텐츠
③ 내용이 같거나 뚜렷한 대상이 없거나 반복적인 댓글을 대량 게재하는 행위
④ 좋아하는 가수의 뮤직비디오 영상을 자신의 유튜브 채널 내 '재생목록'으로 만드는 행위

69 다음 중 카카오 비즈보드에서 랜딩페이지로 적합하지 않은 것은?

① URL   ② 카카오페이 구매
③ 챗봇   ④ 카카오 채널

70 다음 중 카카오 광고의 소재 유형이 아닌 것은?

① 동영상   ② 일반 이미지
③ 플친 메시지   ④ 텍스트

71 다음 중 카카오 비즈보드의 캠페인 목적이 아닌 것은?

① 전환   ② 방문
③ 콘텐츠 공유   ④ 도달

72 다음 중 카카오 비즈보드 그룹 내에서 맞춤 타깃으로 설정할 수 있는 것이 아닌 것은?

① 픽셀 & SDK   ② 카카오사용자
③ 고객파일   ④ 페이스북 친구 리스트

73 다음 중 카카오 비즈보드의 캠페인 내에서 최소 일예산은 얼마인가?

① 자유롭게 설정 가능   ② 10,000원
③ 50,000원   ④ 100,000원

74 다음 중 카카오톡 채널 광고의 목표로 적합한 것은?

① 전환   ② 방문

③ 도달   ④ 조회

75 다음 중 네이버 광고 상품의 타기팅과 광고 집행 방법에 대한 설명으로 올바르지 않은 것은?

① 풀스크린 광고는 성별, 시간, 디바이스 등 다양한 타기팅 방법이 가능하다.

② 네이티브 광고와 스마트채널 광고는 앱, 관심사 타기팅 외 맞춤 타깃 설정이 가능하다.

③ 풀스크린 광고는 렙사와 대행사를 통해서 집행이 가능하다.

④ 네이티브 광고와 스마트채널 광고는 대행사 외에 직접 운영이 가능하다.

76 다음 중 네이버 밴드 광고인 '스마트채널 광고'에 대한 설명으로 틀린 것은?

① 밴드앱 홈, 새소식, 채팅탭 최상단에 노출된다.

② 최소입찰가는 CPM 2,000원, CPC 10원이다.

③ 타기팅 옵션은 네이티브 피드 광고와 동일하다.

④ 밴드 영역 상단 고정 노출로 주목도를 높일 수 있다.

77 다음 중 네이버 밴드 광고인 '네이티브 피드 광고'의 세팅에 대한 설명 중 틀린 것은?

① 맞춤 타깃 설정은 고객파일, MAT타깃, 유사 타깃을 설정할 수 있다.

② 맞춤 타깃은 고객수에 대하여 제한이 없다.

③ 지역 타깃을 설정할 수 있는데, 광역시는 구 단위, 일반 도는 군 단위까지 가능하다.

④ 안드로이드와 iOS를 나눠서 타깃팅이 가능하다.

78 다음 중 네이버 밴드 광고인 '네이티브 피드 광고'의 타깃 세팅에 대한 설명 중 틀린 것은?

① 상세 타깃 설정은 관심사 타깃, 구매의도 타깃, 검색 타깃이 있다.

② 게재 위치 타깃은 네이버는 기본 노출 설정이 되며, 패밀리 매체에 대한 추가 노출을 설정한다.

③ 소재 선택은 최적화, 성과가중, 균등 방식이 있다.

④ 1일 노출 빈도를 설정할 수 있다.

79 다음에서 설명하는 매체 광고는 무엇인가?

> • 타임라인 테이크오버: 24시간 동안 홈타임라인의 첫 광고지면을 독점하는 동영상 광고
> • 트렌드 테이크오버: 24시간 동안 실시간 트렌드 리스트의 상단을 독점하는 해시태그 광고
> • 트렌드 테이크오버+: '트렌드 테이크오버'의 업그레이드 형태로 트렌드탭 상단에 이미지/동영상/GIF와 함께 노출시켜 주목도가 높은 광고

① X(엑스)   ② 틱톡

③ 링크드인   ④ 카카오스토리

80 다음에서 설명하는 특성에 대한 명칭은?

> • 채팅으로 소비자와 소통하면서 상품을 소개하는 스트리밍 방송이다.
> • 가장 큰 특징은 '상호 소통'이다. 생방송이 진행되는 동안 이용자들은 채팅을 통해 진행자, 혹은 다른 구매자와 실시간 소통할 수 있다.

① 소셜 커머스   ② TV홈쇼핑

③ 라이브 커머스   ④ 인터넷 커머스

PART 03

정답 및 해설

Chapter 01 2023년 제3회 기출복원문제 정답 및 해설
Chapter 02 2023년 제4회 기출복원문제 정답 및 해설
Chapter 03 2024년 제1회 기출복원문제 정답 및 해설
Chapter 04 2024년 제2회 기출복원문제 정답 및 해설
Chapter 05 A형 샘플문제 정답 및 해설
Chapter 06 B형 샘플문제 정답 및 해설

Chapter 01
2023년 제3회 기출복원문제 정답 및 해설

1	2	3	4	5	6	7	8	9	10
①	③	④	②	①	②	④	②	④	③

11	12	13	14	15	16	17	18	19	20
④	③	③	③	②	①	④	①	④	④

21	22	23	24	25	26	27	28	29	30
③	②	①	②	④	③	①	④	②	④

31	32	33	34	35	36	37	38	39	40
③	①	①	②	④	①	④	①	④	④

41	42	43	44	45	46	47	48	49	50
④	①	④	①	②	④	②	③	④	①

51	52	53	54	55	56	57	58	59	60
②	①	④	①	④	②	②	③	①	④

61	62	63	64	65	66	67	68	69	70
④	②	②	①	④	②	④	④	②	②

71	72	73	74	75	76	77	78	79	80
④	④	①	④	②	③	③	②	①	③

01 정답 ①

해설 매스미디어는 소셜미디어보다 도달범위가 넓고, 소셜미디어는 사회적 관계, 정보의 공유, 인맥 형성의 측면에서 매스미디어보다 우위를 갖는다.

02 정답 ③

해설 소셜미디어 발전의 기반이 된 웹 2.0의 특징은 공유, 개방, 참여이다.

03 정답 ④

해설 웹 2.0에서 소셜미디어 플랫폼은 소셜네트워킹(Social Networking), 소셜협업(Collaboration), 소셜퍼블리싱(Publishing), 소셜공유(Sharing), 소셜토론(Discussion), 소셜대화(Messaging)로 구분된다. 보도(Reporting)는 소셜미디어 유형에 해당하지 않는다.

04 정답 ②

해설 소셜미디어에서 콘텐츠의 유기적 트래픽 유입을 최적화하기 위한 마케팅 기법은 소셜미디어 최적화(Social Media Optimization: SMO)이다.

05 정답 ①

해설 페이스북은 초월, 가상을 의미하는 단어인 메타와 우주, 세계(관)를 의미하는 단어인 유니버스의 합성어인 메타버스를 인터넷의 미래로 설정하고, 2021년에 사명을 페이스북에서 메타로 변경했다.

06 정답 ②

해설 소셜미디어 시대의 소비자 행동을 나타내기 위해 일본 광고회사인 덴츠(Dentsu)가 제창한 AISAS 모델을 비롯해 계속해서 ASRAUV, AISCEAS 모델 등이 제안되었다. AIDA(Attention, Interest, Desire, Action), AIDMA(Attention, Interest, Desire, Memory, Action)는 전통적인 소비자 구매 행동 모델이다.

07 정답 ④

해설 효율적인 리소스 관리를 위해 최근 유행하는 틱톡에만 집중하는 것은 적합하지 않다. 매체별 특성에 맞게 다각적으로 관리하는 전략을 수립하는 것이 좋다.

08 정답 ②

해설 메타가 탈중앙화 소셜미디어를 표방하며 2023년 7월에 출시한 SNS 및 마이크로블로그 서비스는 스레드(Threads)로, 기능의 상당 부분이 트위터와 유사하다는 점에서 '메타 버전 트위터'로도 불린다. 인스타그램 계정과 연동하여 작동하므로 사용을 위해서는 인스타그램에 먼저 가입해야 한다.

09 정답 ④

해설 노출(impression)은 광고나 콘텐츠가 보여진 횟수를 말하며, 반복되어 노출된 횟수는 빈도(frequency)이다.

10 정답 ③

해설 메타는 2012년 인스타그램을, 2014년 왓츠앱 및 VR 관련 회사인 오큘러스를 인수했으며, 2023년에는 스레드(Threads)를 출시했다. 트위터를 인수한 일론 머스크(Elon R. Musk)가 사명을 X(엑스)로 변경했다.

11 정답 ④

해설 비즈니스 목표는 SMART 공식에 따라 구체적이고(Specific), 측정 가능해야 하며(Measurable), 달성 가능해야 하고(Achievable), 실현 가능해야 하고(Realistic), 시간제한(Time bound)이 있도록 설정되어야 한다. 따라서 잘 정의된 비즈니스 목표는 보기 ④이다.

12 정답 ③

해설 비즈니스 목표를 설정하기 위해서는 환경 분석, 경쟁사 분석, 자사 이전 마케팅 활동 등을 포함한 자사 분석이 선행되어야 하며, 비즈니스 목표에 따라 캠페인 목표를 설정해야 한다. 이러한 비즈니스 목표 설정 후에 광고 크리에이티브를 개발할 수 있다.

13 정답 ③

해설 Meta Business Suite는 페이스북, 인스타그램, 왓츠앱 등에서 비즈니스 활동을 관리할 수 있는 무료 도구로 콘텐츠와 광고, 커머스를 하나의 계정으로 관리할 수 있다. 페이스북, 인스타그램에 걸쳐 연결된 모든 계정 관리는 물론, 비즈니스 관리를 위한 대행사나 마케팅 파트너 추가 등 전반적인 관리가 가능하다.

14 정답 ③

해설 Meta Business Suite의 인사이트를 통해서 게시물의 성과를 확인하고, 핵심 트렌드 추적, 팔로우하는 사람들의 인구통계학적 특성 및 지리적 정보 요약 등 타깃에 대한 정보를 얻을 수 있다. 광고캠페인의 성과는 광고 관리자(Ad Manager)를 통해서 확인할 수 있다.

15 정답 ②

해설 메타의 광고캠페인 생성 수준은 캠페인-광고세트-광고로 이루어지는데, 캠페인 수준에서는 광고 목표를 선택하고, 광고세트 수준에서 노출 위치, 타기팅 옵션, 광고 예산 및 일정을 설정한다. 광고 수준에서는 광고 형식과 링크, 전환 추적 옵션 등을 설정한다.

16 **정답** ①

해설 도달을 높이기 위해서는 타깃에 속해 있는 여러 사람에게 최대한 광고를 노출해야 한다.

17 **정답** ④

해설 크리에이티브는 A/B 테스트를 거쳐 광고 성과가 좋은 것을 사용하면 광고비 대비 높은 성과를 낼 수 있다. 크리에이티브 최적화를 사용하면 광고 성과를 높일 수 있다. 전환 목표를 사용하는 소규모 비즈니스 광고주들은 광범위하지 않은 타기팅에 비해 광범위한 타기팅(위치, 연령, 성별)을 사용하는 것이 전환율을 높일 수 있다.

18 **정답** ①

해설 머신러닝으로 타기팅 최적화, 예산 배분 혹은 광고 입찰가의 최적화, 노출 매체 혹은 노출 지면의 최적화, 타깃별 광고 소재의 최적화가 가능하다. 머신러닝으로 클라이언트의 비즈니스 목표를 설정하기는 어렵다.

19 **정답** ④

해설 노출 위치 자산 맞춤화 기능은 인지도나 전환 위치로 메시지 앱 또는 페이지를 사용하는 등의 일부 캠페인 목표에서, 그리고 컬렉션 광고 형식에서 사용이 제한된다. 또한 일부 노출 위치에서 사용이 제한되는데, 예를 들어 기기별로 광고를 변경할 수 없다.

20 **정답** ④

해설 메타에서는 크리에이터와 퍼블리셔가 인스트림 광고, 팬 구독, 브랜디드 콘텐츠, 유료 멤버십 추가를 통해 수익을 창출할 수 있다. 광고 게재 시 지역 차단 관리 설정이 되어 있는 인스트림 광고, 여러 언어로 제공되는 인스트림 광고, 라이브 방송의 인스트림 광고는 수익화가 가능하다. 하지만 메타의 광고가 포함된 프리롤, 미드롤, 포스트 동영상과 같은 광고 콘텐츠는 사용할 수 없다.

21 **정답** ③

해설 유사 타기팅은 소스 타깃을 기준으로 유사한 유저 대상의 타기팅으로 맞춤 타기팅 때보다 더 많은 사람에게 도달할 수 있다.

22 **정답** ②

해설   웹사이트 방문자들을 리타기팅하려면 메타 픽셀을 먼저 설치해야 한다. 픽셀 설치를 통해 웹사이트를 방문하기 전에 본 페이스북 광고, 방문한 사이트 페이지, 장바구니에 담은 상품 등과 같이 사람들이 웹사이트에서 취한 행동의 유형과 그러한 사람들을 추적할 수 있다.

23 **정답** ①

해설   광고캠페인 설정의 첫 단계는 무엇보다도 적절한 광고 목표를 설정하는 것이다.

24 **정답** ②

해설   광고주가 가진 웹사이트 활동 데이터와 핵심 타깃을 조합해 타기팅하고 있는 상황에서 CPA(Cost Per Action)가 상승하고 거래량이 늘지 않고 있다는 것은 구매로의 전환이 잘 이루어지지 않고 있음을 의미한다. 그러므로 캠페인 목표 중에서 판매를 선택하고, 유사 타기팅을 통해 타깃을 확대하여 거래량을 늘릴 수 있도록 광고의 노출 위치를 확장해야 한다.

25 **정답** ④

해설   메타의 광고캠페인 목표로는 판매, 인지도, 트래픽, 잠재고객 확보, 참여, 앱 홍보의 6가지가 있다. 최저 CPA는 메타의 광고캠페인 목표에 해당하지 않는다.

26 **정답** ③

해설   광고 게재를 위해서는 프로필을 먼저 비즈니스 계정으로 전환해야 하나, 비즈니스 계정 전환 없이도 페이스북 페이지를 인스타그램에서 광고를 게재하는 데 사용할 수 있다. 페이스북 및 인스타그램 광고 크리에이티브를 동일하게 사용할 수 있으며, 광고 관리자를 통해서 페이스북과 인스타그램 광고 크리에이티브를 동일 광고세트에 업로드할 수 있다.

27 **정답** ①

해설   광고 노출 위치 사용 가능 여부는 캠페인에서 선택한 광고 목표에 따라 다른데, 메타의 6가지 광고 목표가 모두 인스타그램 피드, 스토리, 프로필 피드, 릴스 등을 선택할 수 있지만, Shop에서는 트래픽, 잠재고객 확보, 판매만 광고 목표로 설정할 수 있고, 인지도, 참여, 앱 홍보는 광고 목표로 설정할 수 없다.

28 **정답** ④

해설 전환 위치는 원하는 광고 목표의 성과가 발생하길 원하는 위치를 말하며, 전환 이벤트는 타깃이 취하도록 유도하려는 행동을 말한다. 모든 전환 위치에 전환 이벤트가 필요하지는 않지만, 판매를 광고 목표로 하고, 웹사이트를 전환 위치로 설정했을 때는 결제 정보 추가(AddPaymentInfo), 장바구니에 담기(AddToCart), 위시리스트에 추가(AddToWishlist), 구매(Purchase), 콘텐츠 조회(ViewContent) 등을 전환 이벤트로 설정할 수 있다. 예약(Schedule)은 판매를 목표로 한 전환 이벤트로 적합하지 않다.

29 **정답** ②

해설 메타의 광고 형식은 단일 이미지, 슬라이드, 컬렉션, 인스턴트 경험, 스토리, 브랜디드 콘텐츠 등이 있으며, 모바일 전용으로 제품 소개 이미지로 되어 있는 광고 형태는 컬렉션 광고이다. 컬렉션 광고는 제품을 관련 동영상 또는 이미지를 관련 제품과 함께 배치해 제품을 찾기 쉽게 만들고, 관심 있는 고객들이 웹사이트나 앱에서 계속 구매하도록 유도한다.

30 **정답** ④

해설 어드밴티지+ 카탈로그 광고(이전 명칭: 다이내믹 광고)를 게재하기 위해서는 메타 픽셀 또는 SDK를 설치해야 하며, 제품 카탈로그를 만들고 업로드해 두어야 관련 있는 제품이 노출될 수 있다. 또한 어드밴티지+ 카탈로그 광고는 대부분의 광고에 비해 큰 규모로 운영되기 때문에 비즈니스 관리자 계정이 필요하다.

31 **정답** ③

해설 잠재고객을 위한 어드밴티지+카탈로그 광고(이전 명칭: 다이내믹 광고)는 인스턴트 양식을 통해 연락처 정보를 제출함으로써 제품에 관심을 표하도록 유도한다. 모든 광고주가 사용할 수 있지만, 특히 자동차, 부동산, 여행업계 광고주에게 도움이 된다. 차량 인벤토리나 지역 부동산 매물 또는 여행지에서 사람들이 어떤 옵션에 관심이 있는지를 파악할 수 있다.

32 **정답** ①

해설 메타에서 활용할 수 있는 광고 성과 측정 도구 중의 하나로 마케팅 데이터와 메타의 시스템을 직접 연결하여 행동 데이터를 활용한 광고 최적화는 물론, 구매 후에 발생하는 행동, 매장에서 발생하는 행동, 고객 점수 등을 활용해 수익성이 높고 성과 기여 가능성이 큰 고객에게 광고 노출을 가능하게 해 주는 것은 전환 API이다. 메타 픽셀과 함께 사용하면 성과 및 측정을 개선할 수 있다.

33 **정답** ①

해설 메타는 맞춤 타기팅을 위해 동영상을 조회아거나, 페이스북 페이시를 팔로우하거나, 잠재고객 확보 광고에서 양식을 열어 사람들의 행동을 기반으로 한 맞춤 타깃 소스를 제공한다. CRM Data(고객 리스트)는 광고주가 제공하는 소스이다.

34 **정답** ②

해설 메타의 광고 관리자에서 도달 및 빈도에 따른 구매를 설정하면 선택한 타깃에게 예측 가능한 방식으로 도달하는 동시에 타깃이 광고를 보는 횟수, 요일, 시간, 순서를 관리할 수 있다. 하루 중 특정 시간에 광고가 게재되게 하기 위해서는 옵션에서 일정 예약을 선택한다.

35 **정답** ④

해설 도달 및 빈도를 고려한 구매 방식은 1,000명당 노출 비용 단위인 CPM(Cost Per Mille)이다.

36 **정답** ①

해설 채널의 인지도 관리, 채널 성장, 시청자와의 소통, 수익 창출 등 모든 활동을 한곳에서 관리할 수 있는 곳은 유튜브 스튜디오이다.

37 **정답** ④

해설 유튜브 파트너 프로그램(YPP) 참여를 위해서는 채널 수익 창출 정책을 준수하고, YPP가 제공되는 국가 및 지역에 거주해야 하며, 애드센스 계정을 연결해야 한다. 또한 유튜브 커뮤니티 가이드 위반 사항이 없어야 가입할 수 있다. YPP의 자격 조건이 충족되면 신청 없이도 유튜브 파트너 프로그램(YPP)에 자동으로 가입되는 것이 아니라, 신청을 통해서 가입이 검토된다.

38 **정답** ①

해설 구독자수 500명 이상의 경우, 지난 90일간 공개 동영상 업로드 3회 이상, 지난 365일간 동영상 시청 시간 3,000시간 또는 지난 90일간 Shorts 동영상 조회수 300만 회 이상일 때부터 채널 멤버십, 슈퍼챗(Super Chat) 및 슈퍼스티커(Super Sticker), 슈퍼땡스(Super Thanks), 상품 판매(자체 제품 홍보)를 통한 수익 창출이 가능하다.

39 정답 ④

해설 실시간 채팅 중에 메시지를 눈에 띄게 표시하거나 강조하기 위해 구매/사용하는 것으로 크리에이터의 수익 창출이 가능한 것은 슈퍼챗(Super Chat) 및 슈퍼스티커(Super Sticker)이다.

40 정답 ④

해설 유튜브 커뮤니티 가이드에 따르면, 다른 사용자를 상대로 사기, 현혹, 스팸, 사취하려는 의도가 있는 콘텐츠는 허용되지 않는다. 처방전이 필요 없는 온라인 약국 링크를 콘텐츠에 포함하는 것도 유튜브에서 허용되지 않는다. 좋아하는 가수의 영상을 재생목록으로 만들어 친구에게 공유하는 것은 커뮤니티 가이드를 위반하는 사항이 아니다.

41 정답 ④

해설 Content ID 소유권 주장이 있더라도 추적 또는 수익을 창출하도록 설정한 콘텐츠의 경우 유튜브에서 계속 시청이 가능하다.

42 정답 ①

해설 만 13~17세 크리에이터의 경우, 기본적인 동영상 공개범위 설정이 비공개로 설정된다. 18세 이상의 경우에는 기본적인 동영상 공개 범위 설정이 공개로 설정된다. 모든 크리에이터는 이 설정을 변경해 동영상을 공개, 비공개 또는 일부공개로 설정할 수 있다. 일부공개로 설정해도 댓글 작성이 가능하다.

43 정답 ④

해설 유튜브에서 수익 창출을 위해서는 자신이 만든 영상 안의 모든 영상 및 오디오 요소를 상업적으로 사용하는 데 필요한 권한을 갖춰야 한다. 음반사가 유튜브의 Content ID 시스템을 통해 노래의 소유권을 주장한 노래를 커버하고 영상에 광고 수익을 공유하는 동영상으로 등록하면 수익 창출이 가능하다. 그러나 라이브 콘서트 공연에 직접 가서 녹화한 영상으로는 수익 창출이 불가능하다.

44 정답 ①

해설 유튜브 채널이 없으면 공식적인 활동이 불가능하며, 구글 계정이 있더라도 유튜브 채널을 만들어야 활동할 수 있다. 유튜브 채널을 만들기 위해서는 계정 인증이 필요하며, 계정 인증 후에 길이가 15분을 초과하는 동영상 업로드, 맞춤 미리보기 이미지 추가, 실시간 스트리밍, Content ID 소유권 주장이 가능하다.

45 **정답** ②

해설 건너뛸 수 있는 광고는 다른 동영상의 진후 또는 중간에 재생되는 광고로, 광고가 5초 동안 재생되고 나서 광고 건너뛰기 옵션이 표시된다.

46 **정답** ④

해설 아웃스트림 광고는 모바일 전용 광고로, 구글 동영상 파트너에서 운영하는 웹사이트 및 앱에서만 게재되고, 유튜브에서는 사용할 수 없다. 더 많은 고객에게 도달하기 위해 사용할 수 있으며, 사용자가 2초 이상 동영상을 재생한 경우에만 광고비가 과금된다.

47 **정답** ②

해설 마스트헤드는 노출수를 기준으로 하는 1,000회 노출당 광고비 지불을 원하는 광고주에게 적합한 상품으로, 구글 영업 담당자나 광고대행사를 통해 구매할 수 있는 예약형 상품이다. 고정 비용으로 노출수를 구매할 수 있으며, 타기팅이 선별적으로 가능하다. 브랜드 인지도를 높이거나, 새 제품 또는 서비스를 출시하거나, 기존 제품 또는 서비스의 이미지를 새롭게 선보이려는 경우에 적합한 광고 상품이다.

48 **정답** ③

해설 범퍼 광고는 6초 이하로 되어 있으며, 사용자가 건너뛸 수 없다. 영상 조회수에 반영되지 않는다.

49 **정답** ④

해설 웹사이트 트래픽 증대를 광고 목표로 할 때 입찰가를 전환당 비용으로 설정하거나 가장 많은 전환이 발생하는 방향으로 예산이 지출될 수 있도록 '전환수 최대화'로 설정하는 것이 바람직하다.

50 **정답** ①

해설 구글의 광고캠페인 구조는 캠페인, 광고그룹, 광고로 되어 있다. 메타의 광고캠페인 구조가 캠페인-광고세트-광고이다.

51 **정답** ②

해설 컴패니언 광고는 유튜브 광고가 노출될 때 함께 노출되는 광고로, 비디오 컴패니언 배너와 이미지 컴패니언 배너의 2가지 형태 중 선택할 수 있다. 이미지 컴패니언 배너는

300x60px 크기이다. 컴패니언 광고를 클릭해도 과금되고 조회수로 반영되지만, 인스트림 광고를 클릭했을 때와 중복되어 반영되지 않는다.

52 정답 ①

해설 합성 세그먼트는 상세한 인구통계, 관심 분야 등 여러 가지 세그먼트 속성을 교차하여 타기팅 세그먼트를 표현하는 효과적인 타기팅 옵션이다. 메인 광고를 본 사람에게 서브 광고를 보여 주는 방식은 리마케팅 방식이다.

53 정답 ④

해설 위치, 언어, 기기를 기반으로 한 타기팅은 사용자 행동 기반 타기팅이다. 사용자 기반 타기팅은 (확장) 인구통계 기반, 잠재고객, 맞춤 세그먼트, 합성 세그먼트 등이 해당된다.

54 정답 ①

해설 콘텐츠 기반 타기팅은 광고가 게재되는 지면의 내용과 성격을 기반으로 한 타기팅 방식이다. 콘텐츠 기반 타기팅 방식으로는 게재 위치 타기팅, 주제 타기팅, 키워드 타기팅이 가능하다. 합성 세그먼트 타기팅은 사용자 기반 타기팅 방식이다.

55 정답 ④

해설 품질평가점수는 1~10의 값으로 측정되며, 10에 가까울수록 품질평가점수가 높다. 품질평가점수는 클릭률, 광고 관련성, 방문 페이지 만족도 등에 따라 통합적으로 고려된다.

56 정답 ②

해설 특정 채널, 특정 동영상만 골라서 해당 영상에 노출하는 게재 위치 타기팅, 특정 주제 카테고리에 따라 타기팅하는 주제 타기팅, 관련 키워드에 따른 키워드 타기팅 등은 콘텐츠 기반 타기팅 방식이다. 다양한 콘텐츠 패키지로 구성된 라인업과 특정 테마 콘텐츠로 구성된 프로그램으로 이루어진 유튜브 셀렉트는 콘텐츠 기반 타기팅 방식이라 할 수 있다.

57 정답 ②

해설 동영상 소재 순서를 지정하고, 지정된 순서대로 일련의 동영상을 사람들에게 보여 줌으로써 제품이나 브랜드 스토리 전달에 적합한 광고 방식은 비디오(동영상) 광고 시퀀스라고 한다.

58　**정답**　③

해설　주택 판매, 채용/구인 홍보/고용 정보, 대출 관련 광고는 일부 타기팅이 제한된다.

59　**정답**　①

해설　유튜브의 광고 상품 중 건너뛸 수 있는 인스트림 광고(트루뷰 인스트림 광고)와 인피드 동영상 광고)는 유튜브 채널 동영상 조회수에 반영되지만, 건너뛸 수 없는 인스트림 광고, 범퍼 광고, 아웃스트림 광고는 조회수에 반영되지 않는다.

60　**정답**　④

해설　2개의 광고가 연달아 재생되는 동영상 광고를 깍지 광고, 광고 모음이라고 하는데, 최소 5분 이상의 동영상에서 건너뛸 수 있는 광고나 건너뛸 수 없는 광고 사용 설정 시 게재될 수 있다. 미드롤 광고는 콘텐츠 길이가 8분 이상일 때 광고 게재가 가능하다.

61　**정답**　④

해설　광고 소재로 사용할 수 있는 영상은 '공개' '일부공개'로 업로드된 영상만 가능하다. 비공개, 예약 상태로 업로드한 것은 광고 소재로 사용할 수 없다.

62　**정답**　②

해설　구글에서 제공하는 고객 행동 및 성과 분석 도구는 구글 애널리틱스(Analytics)이다. 이를 통해 여러 가지 성과 지표, 수익 등의 정보를 얻을 수 있다.

63　**정답**　②

해설　구글애즈 내 목표 타깃 도달범위 및 예산별 광고 포맷과 상품 조합 등이 가능한 플래닝 도구는 도달범위 플래너(Reach Planner)이다.

64　**정답**　①

해설　유튜브 광고 성과 측정에는 조회 실적, 클릭 실적, 참여 실적, 도달범위 및 게재 빈도 등이 해당된다. 댓글 실적은 포함되지 않는다.

65　**정답**　④

해설　클릭률은 광고에서 발생한 클릭수를 광고가 게재된 횟수로 나눈 값으로 광고를 본 사용자가 해당 광고를 클릭하는 빈도를 나타내는 비율을 말한다.

66 정답 ②

해설   브랜드 인지도 향상을 목표로 할 때 중점적으로 살펴봐야 할 지표는 노출수, 고객 참여도(클릭률, 동영상 조회수), 도달범위 및 게재 빈도이다. 노출수를 높여 타깃 잠재고객에게 광고를 가능한 한 자주 노출해야 하며, 고객이 광고를 클릭하거나 동영상을 보는 참여도를 살펴보아야 한다. ROI 개선을 목표로 할 때는 전환수를 중요하게 살펴보아야 한다.

67 정답 ④

해설   유튜브 스튜디오에서 최신 콘텐츠 실적(최신 동영상 또는 라이브 스트리밍 실적) 개요, 채널 위반 사항, 최신 게시물에 대한 시청자의 참여도 개요 등을 확인할 수 있다. 영상을 시청하지 않고 건너뛴 시청자 수는 이벤트를 넣은 태그를 삽입해야 확인할 수 있다.

68 정답 ④

해설   구글애즈의 광고 보고서를 통해서 유튜브 동영상 광고의 성과 지표를 실시간으로 확인할 수 있다. 보고서 오른쪽에 광고 기간을 설정하면 광고 조회수, 노출수, 클릭수 등 다양한 수치를 확인할 수 있으며, 분류 기준에 따라서 요일별, 시간별, 기간별, 광고 소재별, 광고 상품별로도 상세한 성과 지표를 확인할 수 있다.

69 정답 ②

해설   카카오 광고의 구조는 '캠페인 – 광고그룹 – 소재 만들기'이다. '캠페인 – 광고그룹 – 광고'는 구글의 광고 구조이며, 메타의 광고 구조는 '캠페인 – 광고세트 – 광고'이다.

70 정답 ②

해설   CPMS(Cost Per Message)는 메시지 발송당 구매 방식으로 카카오 메시지 상품 구매에 사용된다. 카카오 비즈보드는 광고 목표에 따라 과금 방식이 다른데, 도달 목적 캠페인에서는 CPM, 방문 목적 캠페인에서는 CPC, CPM을, 전환 목적 캠페인에서는 CPA로 과금된다. 시간대에 독점으로 노출되는 CPTC(Cost Per Time) 과금 방식(카카오 비즈보드)도 있다.

71 정답 ④

해설   카카오 비즈보드는 카카오톡 채팅탭 최상단에 노출되는 광고로, 효율적인 톡 내 랜딩 방식을 선택할 수 있으며, 광고 등록부터 맞춤 타겟팅, 보고서 확인까지 직접 운영할 수 있다. 캠페인 목표를 전환으로 설정하고 픽셀 & SDK를 설치한 경우, 전환 최적화 기능이 지원된다.

72 **정답** ④

해설 상품 카탈로그 광고에서는 인구통계 기반의 타기팅과 행동 또는 관심사를 기반으로 타기팅할 수 있다.

73 **정답** ①

해설 카카오톡 채팅탭 내에서 아래에서 위로 상세 정보를 노출할 수 있는 랜딩페이지로 화면 전체를 채워 사용자의 시선을 사로잡는 랜딩 유형은 애드뷰이다.

74 **정답** ④

해설 카카오톡 친구탭 내 주목도 높은 영역에 노출되는 카카오 비즈보드 CPT에서는 타기팅 설정을 할 수 없다. 기존 카카오 비즈보드가 사이즈 1029×258px, 배경은 투명한 이미지로 제작해야 했던 제약이 있었다면, 카카오 비즈보드 CPT 오브젝트형에서는 이러한 제약에서 벗어나 이미지 가로 사이즈를 420px까지, 썸네일 박스형에서는 340px까지 적용 가능하며, 배너 바탕을 투명하게 해야만 했던 것과는 달리, 텍스트 폰트, 꾸밈, 컬러 효과를 줄 수 있다.

75 **정답** ②

해설 네이버 밴드는 PC 버전과 모바일 앱 버전이 있다. 쉽게 밴드 계정을 만들고 로그인할 수 있어 편리하다.

76 **정답** ③

해설 네이버의 광고 수익 시스템인 애드포스트(AdPost)를 통해 네이버 블로그, 네이버 포스트, 네이버 밴드에 광고를 게재하고 이를 통해 수익을 창출할 수 있다.

77 **정답** ③

해설 풀스크린 광고는 성별 타기팅만 가능하다. 네이티브(피드) 광고와 스마트채널 광고에서는 시간/요일, 연령/성별, 지역, 디바이스, 관심사 타기팅 및 맞춤 타깃 설정이 가능하다.

78 **정답** ②

해설 네이버 밴드 광고인 스마트채널 광고는 네이티브(피드) 광고와 타기팅 옵션이 동일하며, 밴드 앱 홈, 새소식, 채팅탭 최상단에 노출된다. 스마트채널 광고는 RTB(Real Time Bidding) 상품이며, 최소입찰가는 CPM 1,000원, CPC 10원(VAT 별도)으로 기존 2,000

원에서 2022년부터 1,000원으로 조정되었다. 텍스트와 콘텐츠의 결합 형태로 노출되는 것은 네이티브(피드) 광고이다.

79 **정답** ①

해설 2023년 7월 트위터에서 사명을 변경한 매체는 X(엑스)이다. X(엑스)의 광고 상품으로는 타임라인 테이크오버, 트렌드 테이크오버, 트렌드 테이크오버＋, X(엑스) 앰플리파이(X Amplify) 등이 있다.

80 **정답** ③

해설 틱톡은 팔로우하는 영상보다 개인의 관심사에 맞는 최적화된 영상이 주로 노출된다.

Chapter 02
2023년 제4회 기출복원문제 정답 및 해설

1	2	3	4	5	6	7	8	9	10
①	④	④	③	④	④	④	①	①	②
11	12	13	14	15	16	17	18	19	20
①	②	②	③	③	②	②	④	③	②
21	22	23	24	25	26	27	28	29	30
②	②	①	①	①	④	①	④	②	④
31	32	33	34	35	36	37	38	39	40
①	④	④	④	①	④	②	②	③	③
41	42	43	44	45	46	47	48	49	50
①	④	②	③	④	③	①	①	④	③
51	52	53	54	55	56	57	58	59	60
④	②	④	②	①	③	②	④	②	④
61	62	63	64	65	66	67	68	69	70
②	④	①	①	②	③	②	②	③	①
71	72	73	74	75	76	77	78	79	80
③	④	②	④	④	②	②	①	④	③

01 정답 ①

해설 웹 2.0시대에 만들어지는 콘텐츠는 누구나 생산 가능하다는 특징을 갖는다.

02 정답 ④

해설 소셜미디어의 이용 자체는 무료이며, 소셜미디어 광고비는 매스미디어에 비해 저렴하다는 특징이 있다.

03 **정답** ④

해설 소셜미디어 마케팅의 장점은 관심사나 위치 등을 통해 타깃의 세분화가 가능하다는 점이다. 전 국민을 대상으로 하는 매스마케팅은 매스미디어 마케팅의 특징이다.

04 **정답** ③

해설 오프라인 매장수를 확보하는 데 소셜미디어를 이용하는 것은 한계가 있다.

05 **정답** ④

해설 꾸준히 사랑받는 소셜미디어 콘텐츠를 만드는 데 유명 유튜버를 섭외하는 것은 지나치게 높은 비용이 발생하므로 유명 유튜버에 의존하는 것보다 콘텐츠 자체를 매력적으로 제작하는 데 노력하는 것이 더 바람직하다.

06 **정답** ④

해설 소비자가 수락하지 않은 방식을 마케팅으로 활용하면 차단될 가능성이 크다. 소비자가 관심을 가질 만한 콘텐츠를 올리고, 제품 관련 내용은 댓글로 소통하는 것이 적합하다.

07 **정답** ④

해설 카카오스토리 사용자수는 최근 감소 추세이다. 타깃의 특징이 카카오스토리라는 매체에 매우 적합하지 않는 한 카카오스토리를 사용하는 것은 바람직하지 않다.

08 **정답** ①

해설 1회 전환 시 발생하는 매출액의 가치는 전환가치를 말한다.

09 **정답** ①

해설 메타의 광고 경매 시스템에서는 입찰가, 추산 행동률, 광고 품질의 3가지 요소를 조합하여 결정되며, 추산 행동률과 광고 품질로 진단된 광고 관련성(이전 명칭: 광고 관련성 점수)에 의해 광고 관련성이 높은 광고는 더 낮은 비용으로 광고 경매에서 낙찰될 수 있다.

10 **정답** ②

해설 추산 행동률이란 특정 사람이 특정 광고에 반응을 보이거나 특정 광고로부터 전환하는 행동의 추정치를 말한다.

11 **정답** ①

해설 영향력 있는 개인을 활용해 입소문으로 브랜느나 제줌을 소개하고 공유하는 마케팅 방식을 인플루언서 마케팅이라고 한다.

12 **정답** ②

해설 메타 픽셀은 광고를 통해 웹사이트에서 발생하는 이벤트를 파악하기 위해 만든 소스 코드를 말한다. 매장 방문, 전화 주문, 예약 등의 오프라인 이벤트 데이터를 메타의 광고 시스템과 연결하는 도구는 오프라인 API이다.

13 **정답** ②

해설 메타에서 성과 측정을 위해 제공하는 데이터 소스 및 기능으로는 메타 픽셀, 메타 SDK, 전환 API 등이 있다.

14 **정답** ③

해설 서버, 웹사이트 플랫폼, 웹 또는 CRM의 마케팅 데이터를 메타의 광고 시스템에 연결하는 도구를 전환 API라고 한다.

15 **정답** ③

해설 광고주가 제공하는 데이터 유형으로는 웹사이트, 앱 활동, CRM, 참여 맞춤 타깃이 있다.

16 **정답** ②

해설 스토리 광고는 페이스북, 인스타그램, 메신저에서 스토리 사이에 표시되는 전체화면 이미지, 동영상 또는 슬라이드 광고로 일반 스토리와 달리 24시간 후에도 사라지지 않는다. 스토리 광고에 사용되는 동영상의 길이는 최대 60분(이미지는 기본적으로 5초간 노출)까지 가능하고, 용량은 최대 4GB까지 가능하다.

17 **정답** ②

해설 인스트그램 스토리의 권장 사이즈는 9:16이다. 검색결과에는 동영상 광고가 게재될 수 없고, 탐색탭의 권장 사이즈는 1:1, 4:5 비율, Shop의 권장 사이즈는 1:1이다.

18 정답 ④

해설   슬라이드 광고는 하나의 광고에서 각각 자체 제목, 설명, 링크 및 행동 유도를 추가한 2개 이상의 이미지(최소 2개~최대 10개)와 이미지와 동영상을 함께 사용할 수 있는 광고 형식이다.

19 정답 ③

해설   컬렉션 광고에서는 4개 이상의 제품 이미지 또는 제품이 들어 있는 카탈로그가 필요한데, 각각의 이미지에 URL을 개별적으로 설정할 수 있다.

20 정답 ②

해설   일예산을 초과해 과금되지 않도록 하기 위해서는 일예산 대비 적정 소재 입찰가를 입력하고, 광고그룹별 타기팅 세분화로 예산을 분배하거나, 자동 입찰 선택 시 최대 입찰 금액을 설정하는 것이 좋다.

21 정답 ②

해설   전환 API는 서버, 웹사이트 플랫폼, 앱 또는 CRM의 마케팅 데이터와 메타를 연결하는 도구로, 애플의 ATT와 개인정보 보호 이슈의 부각 상황에서 전환 추적의 대안으로 제시되고 있다.

22 정답 ②

해설   여러 명이 하나의 광고를 관리하고 업무를 공유하기 위해서는 별도의 비즈니스 관리자 계정을 생성하여 진행해야 한다.

23 정답 ①

해설   매출을 올리기 위해서는 판매 캠페인이 적합하며, CPA가 높다고 했으므로 원하는 위치를 지정하는 수동 노출 위치 설정보다는 게재 시스템을 통해 효율이 가장 좋은 노출 위치에 광고를 노출해 주는 어드밴티지+ 노출 위치를 선택하고, 유사 타기팅과 웹사이트 리타기팅을 시도해 볼 수 있다. 따라서 가장 적합한 조합은 판매 캠페인 선택, 어드밴티지+ 노출 위치, 웹사이트 리타기팅이다.

24 정답 ①

해설   메타는 Meta Business Suite에서 브랜드 가치 보호 설정을 통해 인콘텐츠 광고 설정, 노출 차단 리스트, 인벤토리 필터(확장, 보통, 제한)를 설정할 수 있다. Audience Network를 사용했다는 것은 광고 노출 극대화가 목적이므로 특정 퍼블리셔/웹사이트 차단 리스트를 만들고 자동 노출 위치를 사용하는 것이 효과적이다.

25 **정답** ①

해설 도달과 빈도를 조절하는 광고 판매 방식은 CPM(Cost Per Mille)이다.

26 **정답** ④

해설 도메인은 브랜드 가치 보호 및 적합성에 포함된 메뉴 항목이다.

27 **정답** ①

해설 캠페인 성과를 극대화하기 위해 각 광고세트들이 전반적으로 목표에 맞게 예산이 배분되도록 하는 방식인 어드밴티지 캠페인 예산을 사용한다.

28 **정답** ④

해설 메타 비즈니스에서 필요한 고객, 업계, 광고 인사이트, 데이터로 제시된 인사이트 카드 등을 제공하므로 이를 통해 광고 전략을 수립하고 비즈니스 과제를 해결하는 리소스로 활용할 수 있는 도구는 메타 Foresight(이전 명칭: Facebook IQ)이다.

29 **정답** ②

해설 앱/웹에서 사용할 수 있는 표준 이벤트는 결제 정보 추가(AddPaymentInfo), 장바구니에 담기(AddToCart), 위시리스트에 추가(AddToWishlist), 등록 완료(Complete-Registration), 결제 시작(InitiateCheckout), 잠재고객(Lead), 구매(Purchase), 검색(Search), 체험판 시작(StartTrial), 구독(Subscribe), 콘텐츠 보기(ViewContent)가 있다. Curbside는 온라인으로 상품을 주문한 후 지정된 장소에 가서 픽업해 오는 것으로, 오프라인 매장에서 전환 위치를 웹사이트로 선택했을 때 설정할 수 있다.

30 **정답** ④

해설 사회 문제, 선거 또는 정치 관련 광고는 특별광고 카테고리로 두고 특별한 광고 진행 절차를 요청하고 있으며, 주택(Housing Ads), 고용(Employment Ads) 또는 신용(Credit Ads) 기회 관련 광고(HEC 광고)는 특별광고 카테고리로 두고 타기팅에 제한을 두고 있다.

31 **정답** ①

해설 메타가 제공하는 소스로는 동영상 시청, 잠재고객 양식 참여, 인스턴트 경험, AR 경험, 쇼핑, 인스타그램 계정이 있다.

32 **정답** ④

해설 모바일 환경에서는 짧은 동영상 광고가 더 효과가 좋으므로 길이가 15초 미만을 사용하는 것이 더 바람직하다.

33 **정답** ④

해설 유사 타깃은 메타 시스템이 소스 타깃(맞춤 타깃)에 포함된 사람들과 유사한 특성을 가진 사람들에게 광고가 노출되도록 하는 타기팅이다. 광고 시스템에서 설정한 데이터 소스에 기반한 타기팅은 맞춤 타깃이다.

34 **정답** ④

해설 우리나라에서도 페이스북 Shop을 사용할 수 있다.

35 **정답** ①

해설 하나의 광고세트에 최대 50개의 광고를 보유할 수 있다.

36 **정답** ④

해설 Meta Business Suite는 무료 도구이다.

37 **정답** ②

해설 카탈로그에 있는 제품 세트의 작은 제품 이미지와 함께 큰 커버 이미지 또는 동영상을 제공하여 사람들이 제품을 발견하고 구매하도록 유도하는 광고 형식을 사용하는 것이 좋은데, 바로 컬렉션 광고가 적합하다.

38 **정답** ②

해설 메타 픽셀은 광고주의 인스타그램 계정이 아니라 웹사이트에 설치하여 광고 성과를 측정한다.

39 **정답** ③

해설 유튜브 Shorts의 최대 길이는 60초이다.

40 **정답** ③

해설 범퍼 광고는 건너뛸 수 없는 광고이다.

41 **정답** ①

해설 유튜브 동영상 광고 게재 순위 산정에는 CPV 입찰가, 영상 조회율과 클릭률 등이 포함된다.

42 **정답** ④

해설 유튜브 동영상 광고 게재 순위 산정에는 CPV 입찰가, 영상 조회율과 클릭률, 사용자 검색의 문맥, 확장 소재, 다른 광고 형식의 예상 효과 등이 포함된다.

43 **정답** ②

해설 당장 제품을 구매하지는 않았으나 향후 구매 가능성이 큰 고객을 잠재고객이라 한다.

44 **정답** ③

해설 광고가 5초간 강제로 노출된 이후 건너뛰기(Skip) 버튼이 노출되는 광고인 건너뛸 수 있는 인스트림 광고는 사용자가 동영상을 30초 지점까지(동영상 광고가 30초 미만일 경우에는 시청을 완료해야 함) 시청하거나 영상 내 다른 클릭 영역, 즉 제목, CTA, 컴패니언 배너를 클릭해도 과금된다. 동영상을 10초 이상 시청하면 조회수에 반영된다.

45 **정답** ④

해설 유튜브의 프라임팩, 키즈 앱, CPM 마스트헤드는 예약형 상품이다.

46 **정답** ③

해설 컴패니언 광고는 건너뛸 수 없는 인스트림 광고나 마스트헤드 광고의 부족한 클릭을 유도하는 클릭 유도형 광고로, 인지도를 목표로 하는 광고 유형은 아니다.

47 **정답** ①

해설 유튜브 파트너 프로그램은 전 세계 어디서나 신청 가능한 것은 아니다. 유튜브 파트너 프로그램이 제공되는 국가, 지역에 거주해야만 한다.

48 **정답** ①

해설 보안 인증을 하지 않은 것은 유튜브 커뮤니티 가이드 위반 사항이 아니다.

49 **정답** ④

해설 유튜브에서 자체 제품 판매를 통해 수익을 창출하기 위해서는 구독자수 500명 이상, 지난 90일간 공개 동영상 업로드 3회, 지난 365일간 공개 동영상 유효 시청 시간 3,000시간 또는 지난 90일간 Shorts 동영상 조회수 300만 회의 조건을 갖추어야 한다.

50 **정답** ③

해설 광고 수익 창출을 위해서는 조건을 만족시킨 후 별도의 유튜브 파트너 프로그램 참여를 신청해야만 한다.

51 **정답** ④

해설 판매, 리드, 웹사이트 트래픽 유도를 캠페인 목표로 선택할 때 사용할 수 있는 캠페인 유형은 전환 유도이다.

52 **정답** ②

해설 과도한 노출 또는 성적 호기심을 유발하는 콘텐츠, 공포심, 폭력, 유해하거나 위험한 콘텐츠, 영상에 없는 내용을 볼 수 있다고 오해하게 만드는 이미지 등을 썸네일로 사용하면 채널이 폐쇄될 수도 있다.

53 **정답** ④

해설 30초 이상인 영상은 30초 이상을 시청해야, 30초 미만인 영상은 시청을 완료해야 과금된다.

54 **정답** ②

해설 유튜브 홈페이지 최상단에 노출되며 원하는 노출량만큼 예약 구매할 수 있는 광고 상품은 CPM 마스트헤드이다.

55 **정답** ①

해설 연령에 적합한 뮤직비디오는 게재가 가능하지만, K-POP 아이돌 뮤직비디오는 게재가 제한된다.

56 **정답** ③

해설 동영상 캠페인은 이전에는 목표, 즉 판매, 리드, 웹사이트 트래픽 등의 전환을 유도하기 위한 동영상 액션 캠페인(Video Action Campaign: VAC), 브랜드 인지도 및 도달범위 확대를 위한 조회수 획득 캠페인(Video Views Campaign: VVC), 제품 및 브랜드 구매 고려도를 목표로 한 동영상 도달범위 캠페인(Video Reach Campaign: VRC)으로 구분되었으나, 최근 브랜드 인지도 및 도달범위 확대와 제품 및 브랜드 구매 고려도 목표가 합쳐져 전환 유도(판매, 리드, 웹사이트 트래픽), 인지도 및 구매 고려 목표로 구분되었다.

57 **정답** ②

해설 건너뛸 수 없는 인스트림 광고의 길이는 최대 15초이다.

58 **정답** ④

해설 광고그룹 단위에서는 사용자 기반(인구통계학적, 잠재고객 타기팅) 타기팅이 가능하며, 광고 게재 위치, 주제, 관련성 높은 키워드 기반의 콘텐츠 타기팅도 가능하다. 사용자 성격 기반 타기팅은 불가능하다.

59 **정답** ②

해설 광고 없이 유튜브 영상을 보는 서비스는 유튜브 프리미엄이다.

60 **정답** ④

해설 건너뛸 수 있는 인스트림 광고에서는 영상을 시청하는 과정에서 조회수에 따라 비용이 과금되는 CPV 과금 방식이 주로 사용된다. 하지만 영상 내 랜딩 URL 클릭, 컴패니언 배너 클릭 시에는 CPC로 과금되기도 한다.

61 **정답** ②

해설 모든 기기에 노출되며, 특정 기기 타기팅, 특정 통신사, 모바일 운영 체제 등을 설정해서 타기팅할 수 있다. 특정 브랜드의 TV는 타기팅할 수 없다.

62 **정답**　④

해설　유튜브 파트너 프로그램에 가입한다고 모든 영상에 광고를 게재할 수 있는 것은 아니다. 저작권에 문제가 있거나 유튜브 커뮤니티 가이드에 위배되는 영상은 광고 노출이 제한된다.

63 **정답**　①

해설　상세 타기팅을 통해서 관심사, 구매 의도, 타깃 추천, 타깃 설정 방식, 성인 타깃, 주제 타깃 등을 설정할 수 있다. 구매 예산은 해당하지 않는다.

64 **정답**　①

해설　유튜브 채널에 노출을 원하지 않는다면, 공개 노출은 되지 않고 링크가 있으면 누구든지 볼 수 있는 방식인 일부공개로 설정한다.

65 **정답**　②

해설　노출 빈도와 조회 빈도는 함께 사용할 수 있다.

66 **정답**　③

해설　유튜브 스튜디오에서는 저작권에 문제없이 사용할 수 있는 다양한 비디오를 제공하지 않고, 오디오를 제공한다.

67 **정답**　②

해설　MA는 Mature Audience Only의 약자로, 도박, 성적 콘텐츠 등 성인에게만 적합한 콘텐츠를 말한다.

68 **정답**　②

해설　전환가치 극대화 입찰 전략은 캠페인에서 전환수 30회를 수집한 경우에만 사용할 수 있다.

69 **정답**　③

해설　톡체크아웃 구매는 회원가입 없이 카카오톡 아이디로 구매가 가능한 링크를 말한다. 톡체크아웃 구매는 카카오 비즈보드의 랜딩페이지로 지원되지는 않는다.

70 **정답** ①

해설 카카오 디스플레이 광고의 과금 방식으로는 CPC, CPM, CPA 방식이 있다.

71 **정답** ③

해설 CPT(Cost Per Time)는 설정된 기간 단위(구좌)를 구매하는 방식으로, 실제 노출과 상관없이 기간에 따라 과금된다.

72 **정답** ④

해설 CPMS(Cost Per MeSsage)는 발송당 과금 방식을 말한다.

73 **정답** ②

해설 CPA 비용 목표 설정은 디스플레이, 비즈보드 유형의 전환 목표 캠페인에 제공되는 과금 방식으로 목표하는 CPA 평균 비용을 유지하는 데 중점을 두지만, 광고 효율의 최적화를 위해 자동으로 입찰이 조정되면 비용이 설정한 금액을 초과하거나 미달될 수도 있다.

74 **정답** ④

해설 리타기팅은 메타의 타기팅 방식이다.

75 **정답** ④

해설 네이버 밴드의 네이티브 광고는 실시간 입찰 방식으로, 성과에 따라 광고비가 소진되는 성과형 광고이므로 네이버의 성과형 디스플레이 광고 플랫폼 혹은 네이버 GFA(GLAD For Advertiser)이다. NOSP는 보장형 디스플레이 광고를 운영하는 광고 플랫폼이다.

76 **정답** ②

해설 네이버 밴드의 알림광고(새소식 광고, 푸시 알림 광고)는 네이버 비즈센터에서 집행하거나 대행사 위탁 운영 및 직접 운영할 수 있다.

77 **정답** ②

해설 네이버 밴드 풀스크린 광고는 성별 타기팅만 가능하며, 안드로이드에만 노출된다.

78 **정답**   ①

해설   스마트채널 광고는 밴드 영역 상단에 노출되어 주목도를 높일 수 있는 상품이지만, 고정 노출이 아닌 CPM이나 CPC 방식으로 노출되는 상품이다.

79 **정답**   ④

해설   플레이어블 광고는 다운로드 전에 앱 내용을 미리 볼 수 있는 동영상 광고로, 틱톡의 광고 상품이다.

80 **정답**   ③

해설   타임라인 테이크오버는 X(엑스)의 광고 상품으로, 24시간 동안 타임라인 첫 화면에 독점으로 노출되는 동영상 광고이다.

Chapter 03
2024년 제1회 기출복원문제 정답 및 해설

1	2	3	4	5	6	7	8	9	10
①	②	①	④	②	③	③	④	④	④
11	12	13	14	15	16	17	18	19	20
④	②	④	②	④	①	④	①	④	④
21	22	23	24	25	26	27	28	29	30
①	②	③	④	①	④	②	①	④	①
31	32	33	34	35	36	37	38	39	40
④	④	②	①	③	②	①	③	①	③
41	42	43	44	45	46	47	48	49	50
①	③	④	④	①	③	①	③	①	④
51	52	53	54	55	56	57	58	59	60
①	①	③	②	②	③	②	③	①	②
61	62	63	64	65	66	67	68	69	70
④	③	④	③	②	④	②	④	②	①
71	72	73	74	75	76	77	78	79	80
③	①	④	②	④	②	④	③	③	③

01 정답 ①

해설 소셜미디어는 웹 2.0을 기반으로 등장한 개념이다.

02 정답 ②

해설 틱톡(TikTok)은 짧은 영상을 제작 및 공유할 수 있는 소셜미디어 플랫폼으로, 중국 바이트댄스가 개발하여 2016년부터 서비스를 시작했다.

03 **정답** ①

해설 스냅챗은 2011년에 시작된 미국의 모바일 메신저 서비스이다. 보낸 메시지가 확인 후 24시간 후에 사라지는 독특한 시스템을 기반으로 사생활 노출을 꺼리는 미국의 10~20대를 중심으로 인기를 얻었다. 24시간 후에 사라지는 특성이 있어 쿠폰 발행 및 배포에 페이스북보다 스냅챗이 효과적이라고 할 수는 없다.

04 **정답** ④

해설 광고주의 광고 콘텐츠를 통합적으로 관리해 주는 Meta Business Suite나 유튜브 스튜디오 등은 무료이다.

05 **정답** ②

해설 최근 소셜미디어를 비롯한 디지털 마케팅은 광고와 홍보의 역할 구분이 모호해지고, 네이티브 광고, 브랜디드 콘텐츠의 중요성이 커지고 있다. 또한 온라인 구전 효과 역할, 고객 참여와 상호작용이 강화되는 특징을 갖는다.

06 **정답** ③

해설 초기의 소셜미디어 형태를 보인 클래스메이트닷컴(classmate. com), 식스디그리닷컴(SixDegree.com) 등은 온라인상에서 친구 찾기 기능을 중심으로 1995년에 최초의 소셜 네트워크 서비스를 시작했다. 페이스북은 2004년에 서비스를 시작했다.

07 **정답** ③

해설 소셜미디어 최적화(Social Media Optimization: SMO)는 콘텐츠의 유기적 도달을 높이기 위한 콘텐츠에 중점을 둔 최적화 전략이다. SNS 광고는 유료로 노출과 도달을 높이는 방법이므로 소셜미디어 최적화 방법이라고 할 수 없다.

08 **정답** ④

해설 효율적인 인력 리소스 관리를 위해 특정 매체 광고에만 집중하는 전략은 적합하지 않다. 매체별 특성에 맞게 다각적으로 관리하는 전략을 수립하는 것이 바람직하다.

09 **정답** ④

해설 메타의 광고 시스템에서는 가장 성과가 좋은 슬라이드(하이라이트 슬라이드)를 맨 앞에 표시한다. 그 이유는 성과가 가장 좋은 슬라이드를 맨 앞에 두어야 반응률을 올릴 수 있기 때문이다.

10 정답 ④

해설 도달결과를 예측하고, 고정된 노출당 비용으로 얼마의 광고비가 들지 계획 및 예측할 수 있는 메타의 광고 구매 방식은 예약 구매(이전 명칭: 도달 및 빈도 구매)이다. 예약 구매에서 주로 사용되는 구매 방식은 고정된 노출당 비용(Cost Per Mille: CPM)이다.

11 정답 ④

해설 캠페인은 하위 광고세트수를 무제한으로 보유할 수 있는 것은 아니고, 최대 5,000개까지만 보유할 수 있다. 페이스북 계정 관리자가 할당된 경우는 10,000개까지 만들 수 있다.

12 정답 ②

해설 페이스북의 인스트림 동영상 피드는 가로형 16:9 비율이 적합하며, 버티컬(세로형)이 적합한 것은 스토리이다.

13 정답 ④

해설 페이스북 메신저를 활용하면 고객과의 소통 채널이 확대되므로 더 많은 신규 고객을 확보할 수 있다.

14 정답 ②

해설 애플의 앱 추적 방식 투명화 정책 이후 메타에서 주력으로 사용하고 있는 전환 추적 방식은 전환 API이다.

15 정답 ④

해설 오프라인 이벤트 데이터와 연결하는 것은 오프라인 API의 기능이다.

16 정답 ①

해설 메타의 커머스 관리자는 페이스북과 인스타그램에서 홍보하려는 모든 상품이 포함된 카탈로그를 관리하는 도구이며, Shop을 만들어 실제 제품을 판매하는 도구이다. 페이스북, 인스타그램에서 결제, 다른 웹사이트에서의 결제, 메시지 기능으로 결제하기가 가능하지만, 페이스북, 인스타그램에서의 결제는 미국 소재 비즈니스만 사용할 수 있다. 메타페이로 결제할 수 있는 기능은 없다.

17 **정답** ④

해설 도달범위 플래너는 구글애즈의 광고 도구이다.

18 **정답** ①

해설 메타의 6가지 목표, 즉 인지도, 트래픽, 참여, 잠재고객, 앱 홍보, 판매 중 판매와 트래픽 중에서 매출 증대에 더 적합한 것은 판매 캠페인이며, 전환수/전환값 극대화를 성과 목표로 할 수도 있다. 최저 예산은 가장 적은 비용으로 광고를 노출하는 것이기에 광고 예산을 지출해서 발생할 수 있는 최고 판매량, 최대 판매금 등과 같은 최고 가치를 최적화하는 것이 가장 적절하다고 할 수 있다.

19 **정답** ④

해설 메타의 광고 경매 구매는 입찰가, 추산 행동률, 광고 품질의 3가지 요인이 조합되어 결정된다. 추산 행동률과 광고 품질을 모두 사용해 광고 관련성(이전 명칭: 광고 관련성 점수)을 진단하며, 광고 관련성이 높은 광고는 더 낮은 비용으로 경매에서 낙찰될 수 있다.

20 **정답** ④

해설 Meta Business Suite는 페이스북, 인스타그램, 왓츠앱 등에서 비즈니스 활동과 관리를 할 수 있는 무료 도구로 콘텐츠와 광고, 커머스를 하나의 계정으로 관리할 수 있다. 메시지함 관리 기능에서는 자주 묻는 질문(FAQs)에 자동 답변이 달리도록 설정해 시간을 절약할 수 있다.

21 **정답** ①

해설 Meta Business Suite는 페이스북, 인스타그램, 왓츠앱 등에서 비즈니스 활동과 관리를 할 수 있는 무료 도구로 콘텐츠와 광고, 커머스를 하나의 계정으로 관리할 수 있다. 인스타그램 광고를 관리하기 위해서는 반드시 광고주가 인스타그램 계정으로 직접 운영하지 않고, 다른 계정을 통해 관리할 수 있다. 단, 인스타그램에만 광고해도 페이스북 페이지는 반드시 만들어야 한다.

22 **정답** ②

해설 메타에서 설정 가능한 비즈니스 목표는 인지도, 트래픽, 참여, 잠재고객, 앱 홍보, 판매이다. 최대 관심 유도는 6가지 모두와 연관되어 있다고 볼 수 있지만, 최저 CPM은 성과 목표이지 비즈니스 목표로 볼 수 없다.

23 **정답** ③

해설 메타 오프라인 전환 API를 통해 메타 광고가 매장 방문, 전화 주문, 예약 등에 얼마나 영향을 주었는지를 확인할 수 있다.

24 **정답** ④

해설 인스타그램의 스토리는 24시간 뒤에 사라지는 세로 방향 이미지와 동영상으로 전체화면으로 노출되며 공유, '좋아요' 누르기가 가능하다.

25 **정답** ①

해설 맞춤 타기팅은 내 소스나 메타 소스를 통해 광고주의 기존 고객들을 찾을 수 있는 타기팅 방식이다. 특별광고 타기팅은 사회 문제, 선거 또는 정치 관련, 주택 판매, 고용, 신용 기회 관련 광고와 같이 제한이 있는 타기팅을 말한다. 유사 타기팅은 메타 시스템이 소스 타깃(맞춤 타깃)에 포함된 사람들과 유사한 특성을 가진 사용자를 대상으로 타기팅하는 옵션이며, 핵심 타기팅은 연령, 지역, 관심사 등 캠페인 목표에 따른 광고 노출 대상으로 광고세트에서 설정한다.

26 **정답** ④

해설 캠페인 단위에서 어드밴티지 캠페인 예산(이전 명칭: 캠페인 예산 최적화)을 사용하면 최저 비용으로 최상의 결과를 얻을 수 있다.

27 **정답** ②

해설 컬렉션은 카탈로그에 있는 제품 세트의 작은 제품 이미지와 함께 큰 커버 이미지 또는 동영상을 제공하여 사람들이 제품을 발견하고 구매하도록 유도하는 광고 형식이다.

28 **정답** ①

해설 커버 이미지나 동영상, 그리고 아래에 3개의 이미지로 구성되어 있기에 4개 이상의 제품 이미지 또는 제품이 들어 있는 카탈로그가 필요한 광고 유형은 컬렉션이다.

29 **정답** ④

해설 페이스북, 인스타그램에서 결제, 다른 웹사이트에서의 결제, 메시지 기능으로 결제가 가능하지만, 페이스북, 인스타그램에서의 결제 기능은 미국 소재 비즈니스만 사용할 수 있다.

30 **정답** ①

해설   메타에서는 진실성, 안전, 개인정보 보호, 존엄성 보호에 가치를 두고 선정적인 콘텐츠, 개인이나 그룹에 대한 혐오 발언, 폭력 행사 위협 또는 직접적인 공격, 허위 정보, 스팸 등의 콘텐츠를 허용하지 않는다. 개인 뉴스라고 해도 커뮤니티 규정을 위반할 가능성이 있다면 언제든지 삭제되고, 사용자들이 표시되는 것을 선호하지 않는 콘텐츠는 커뮤니티 규정을 위반할 소지가 있으므로 플랫폼에서 노출이 제한된다.

31 **정답** ④

해설   이벤트는 웹사이트에서 발생하는 행동을 말한다. 표준 이벤트로는 결제 정보 추가(AddPaymentInfo), 장바구니에 담기(AddToCart), 위시리스트에 추가(AddToWishlist), 등록 완료(CompleteRegistration), 결제 시작(InitiateCheckout), 잠재고객(Lead), 구매(Purchase), 검색(Search), 체험판 시작(StartTrial), 구독(Subscribe), 콘텐츠 보기(ViewContent)가 있다.

32 **정답** ④

해설   유동성은 가장 가치 있는 노출(Impression)을 달성하도록 광고 예산이 낭비 없이 사용되었을 때의 상태, 즉 광고 노출이 최적화된 상태를 말한다. 광고의 최적화는 타깃 설정, 예산, 노출 위치 설정, 노출 위치별 소재 설정 등 다양하게 사용될 수 있지만 목표 설정에는 사용할 수 없다.

33 **정답** ②

해설   핵심 메시지는 동영상의 초반에 넣는 것이 좋다. 동영상의 사운드는 소리를 켜면 더욱 몰입도가 높아지도록 만들되, 소리를 끄고 시청하는 사람들을 위해 자막을 넣는 것이 좋다.

34 **정답** ①

해설   광고 성과 측정을 위해 메타 픽셀을 설치하는 곳은 광고주의 페이스북 페이지가 아니라 웹사이트이다.

35 **정답** ③

해설   카탈로그는 페이스북과 인스타그램에서 홍보하려는 모든 상품을 포함한 것으로, 커머스 관리자에서 카탈로그를 만들고 관리한다.

36 **정답** ②

해설 어드밴티지 캠페인 예산을 설정하면 최저 비용으로 최상의 결과를 얻을 수 있다. 광고세트 전반의 예산을 지출하는 방식이 유연하게 설정되지만, 광고주가 광고 게재 위치를 세밀하게 직접 제어할 수는 없다.

37 **정답** ①

해설 데이터 소스 유형으로는 카탈로그, 픽셀, 오프라인 이벤트 세트, 이벤트 데이터 세트, 맞춤 전환, 자산, 이벤트 소스 그룹, 공유 타깃, 페이지 구조, 비즈니스 크리에이티브 폴더가 포함된다.

38 **정답** ③

해설 메타에서 어드밴티지+ 카탈로그 광고(이전 명칭: 다이내믹 광고)를 사용하기 위해서는 먼저 비즈니스 관리자 계정이 필요하며, 카탈로그를 설정하고 메타 픽셀 혹은 메타 SDK에 연결해야 한다. 또한 픽셀과 SDK에는 표준 이벤트(ViewContent, AddToCart, Purchase 등)를 포함해야 한다.

39 **정답** ①

해설 인피드 광고는 광고영상 길이 제한이 없으며, 3분 이상의 광고영상을 사용해도 입찰 및 과금 방식에 제한을 받지 않는다. 인피드 광고는 클릭하면 바로 광고영상 시청페이지로 넘어가게 되므로 클릭하기만 하면 과금되고, 시청 시간은 상관이 없다. 또한 광고영상이 10초 이상 자동 재생될 때 과금된다.

40 **정답** ③

해설 조회율은 (조회수÷노출수)×100으로 (3,000÷10,000)×100=30%이다.

41 **정답** ①

해설 유튜브 범퍼 광고의 길이는 최대 6초이다.

42 **정답** ③

해설 유튜브에서 미드롤 광고가 게재되기 위해서는 유튜브 내 영상 콘텐츠의 길이가 8분 이상이어야 한다. 2020년 이전에는 10분 이상의 콘텐츠에만 미드롤 광고가 게재되었으나, 유튜브의 수익 창출 가능성 확대를 위해 8분으로 완화되었다.

43 정답 ④

해설 위치 타기팅은 사용자의 현재 물리적/지리적 위치와 최근 관심사(최근 검색한 위치 정보, 과거 물리적 위치, 구글 지도 검색 정보 등)를 사용해 타기팅하며, 원하는 도시와 국가, 지역을 자유롭게 선택해 광고를 노출할 수 있고 동시에 여러 지역을 타기팅할 수도 있다.

44 정답 ④

해설 건너뛸 수 없는 인스트림 광고의 과금 방식은 CPM이다.

45 정답 ①

해설 유튜브 맞춤 동영상은 구독 중인 채널의 영상, 과거 시청 이력이 있는 영상, 시청 중인 영상, 그리고 이와 관련되거나 유사한 영상 등이 복합적으로 반영되어 추천된다.

46 정답 ③

해설 트루뷰포리치(Trueview for Reach) 광고는 동영상 도달범위 광고 유형의 이전 명칭으로, 범퍼 광고와 건너뛰기가 가능한 인스트림 광고가 결합된 광고 상품이다. 영상 길이에는 제한이 없지만 15~20초의 영상 사용이 권장된다.

47 정답 ①

해설 사용자 기반 타기팅은 광고 게재 위치는 고려하지 않고 잠재고객의 특성 및 성향을 기반으로 광고를 노출하는 타기팅 방법이다.

48 정답 ③

해설 인피드 광고는 유튜브 피드나 검색결과에 노출되어 클릭을 유도하는 광고로, 마케팅 퍼널의 구매 단계에 적합한 광고 상품이다.

49 정답 ①

해설 구글 디스플레이 네트워크(GDN)에 게재될 수 있는 동영상 광고 유형은 건너뛸 수 있는 인스트림 광고, 건너뛸 수 없는 인스트림 광고, 범퍼 광고, 아웃스트림 광고이다.

50 정답 ④

해설 Content ID 설정을 위해서는 반드시 독점적인 소유권을 보유해야 한다.

51 정답 ①

해설 범퍼 광고는 6초 미만의 건너뛸 수 없는 짧은 광고이다.

52 정답 ①

해설 마스트헤드 광고는 CPM(노출 단위) 마스트헤드와 CPH(시간 단위) 마스트헤드의 2가지 유형이 있는데, 모두 예약형 상품으로 구글의 광고 담당자를 통해 구매할 수 있다.

53 정답 ③

해설 아웃스트림 광고는 음소거 상태로 재생되며, 시청자가 음소거를 해제할 수 있다.

54 정답 ②

해설 건너뛸 수 없는 인스트림 광고의 과금 방식은 CPM이다.

55 정답 ②

해설 아웃스트림 광고는 유튜브 외 구글 동영상 파트너 지면에 노출되는 모바일 전용 광고 상품으로 다양한 위치에 게재될 수 있다. 조회 가능 1,000회 노출당 비용(vCPM)을 기준으로 광고 비용이 청구되며, 사용자가 동영상을 2초 이상 재생한 경우 과금된다.

56 정답 ③

해설 일일예산은 하루에 사용 가능한 예산을 말한다.

57 정답 ②

해설 합성 세그먼트는 상세한 인구통계, 관심 분야 등 여러 가지 세그먼트 속성을 교차하여 타기팅하는 것을 말하며, 합성 세그먼트에는 잠재고객 세그먼트도 사용할 수 있다.

58 정답 ③

해설 저작권 소유자는 유튜브의 Content ID 시스템을 사용해 보유한 콘텐츠를 유튜브에서 간단하게 확인하고 관리할 수 있다. 저작권 침해 사실이 발견되면 저작권 소유자는 본인의 동영상과 일치하는 동영상 전체를 시청할 수 없도록 차단하거나, 동영상에 광고를 게재해 수익 창출(경우에 따라 업로더와 수익 공유), 문제의 동영상 시청률 통계를 추적할 수 있다. Content ID 소유권 주장이 있더라도 바로 삭제되지는 않고, 추적 또는 수익을 창출하도록 설정한 콘텐츠의 경우는 계속 시청할 수 있다.

59 정답 ①

해설   일부공개로 설정하면 URL 공유, 채널 섹션에 추가, 댓글 작성, 공개 재생목록 표시는 가능하다. 반면에 검색, 관련 동영상, 맞춤 동영상에 표시할 수 없으며, 채널에 게시하거나 구독자 피드에 표시할 수 없다.

60 정답 ②

해설   신고된 영상은 검토에 따라 제한된 동영상 라벨이 붙을 경우는 자동으로 게시가 중단되지만 실제로 삭제되는 것은 아니다. 단, 위반 정도가 심할 때는 채널과 동영상이 즉시 삭제될 수 있다.

61 정답 ④

해설   유튜브 스튜디오의 애널리틱스에서는 채널과 동영상의 실적을 확인할 수 있으나, 영상을 시청하지 않고 건너뛴 시청자 비율은 알 수 없다.

62 정답 ③

해설   동영상 액션 캠페인(Video Action Campaign: VAC)은 유튜브와 구글 동영상 파트너에 게재되어(아웃스트림 광고) 더 많은 사용자에게 도달 가능하며, 판매/리드/웹사이트 트래픽 등의 액션을 유도할 수 있다. 전환 유도 캠페인으로 명칭이 변경되었다.

63 정답 ④

해설   콘텐츠 제외 설정(인벤토리 유형, 콘텐츠 유형, 디지털 콘텐츠 라벨)을 이용하면 광고 게재를 세부적으로 관리하면서 내 브랜드 캠페인이나 메시지에 적합하지 않은 민감한 콘텐츠를 제외할 수 있다. 인벤토리 유형에는 제한, 표준, 확장된 인벤토리가 있으며, 모든 구글 애즈 계정에는 기본적으로 표준 인벤토리 유형으로 설정되어 있다.

64 정답 ③

해설   키워드 타기팅은 광고를 게재할 위치(또는 게재하지 않을 위치)를 기반으로 한 타기팅 방식인 콘텐츠 타기팅 중의 하나로, 동영상 광고 형식에 따라 유튜브 동영상, 유튜브 채널, 잠재고객이 관심을 보이는 웹사이트의 유형과 관련된 단어 또는 구문(키워드)을 기반으로 광고가 게재되도록 타기팅하는 것이다. 동영상 광고를 특정 주제로 타기팅하는 기능은 주제 타기팅에 대한 설명이다.

65 정답 ②

해설 클릭수, 노출수, 조회수 같은 전통적인 측정 항목 대신 광고 회상, 브랜드 인지도, 구매 고려도, 호감도, 구매 의도를 측정 항목으로 하여 동영상 광고의 효과를 측정하는 구글의 도구는 브랜드 광고 효과 서베이(Brand Lift Survey)이다.

66 정답 ④

해설 유튜브 동영상 광고의 당일 성과 지표는 실시간으로 확인할 수 있다.

67 정답 ②

해설 좋아하는 가수의 관련 영상을 재생목록으로 만들어 친구에게 공유하는 것은 커뮤니티 가이드 위반 사항에 해당하지 않는다.

68 정답 ④

해설 미디어 계획의 예상 도달범위, 게재 빈도, 조회수, 전환수를 예측할 수 있기에 예산, 위치, 타기팅 등 각 광고 형식의 설정을 빠르게 조정하고 예산과 미디어 계획을 수립할 수 있다. 도달범위 플래너는 예산과 계획 수립을 위한 도구이지, 실적이나 결과를 보장하거나 검증하는 도구는 아니다.

69 정답 ②

해설 도달범위 플래너는 유튜브와 동영상 파트너 사이트 및 앱에 광고를 게재하는 도달범위, 조회수 및 전환수 기반 동영상 캠페인을 정확하게 설정할 수 있게 해 주는 구글의 광고 캠페인 계획 도구이다. 도달범위 플래너의 데이터는 구글의 순사용자 도달범위 산출 방식에 기반한 것으로 제3자가 유효성을 검증했으며, 실제 도달범위 및 입찰가와 일치한다. 가능한 한 최신 데이터를 제공하기 위해 매주 업데이트된다.

70 정답 ①

해설 카카오톡 비즈보드는 URL, 애드뷰, 채널웹뷰, 챗봇, 비즈니스폼, 톡캘린더, 소식 등 액션이 완결되는 유형을 랜딩페이지로 설정할 수 있다.

71 **정답** ③

해설 카카오톡 비즈보드는 URL, 애드뷰, 채널웹뷰, 챗봇, 비즈니스폼, 톡캘린더, 소식 등 액션이 완결되는 유형을 랜딩페이지로 설정할 수 있다.

72 **정답** ①

해설 카카오톡 내에서 사용자를 대상으로 비즈니스를 확장할 수 있도록 도와주는 무료 비즈니스 도구인 비즈플러그인은 개인정보 이용 동의, 회원가입, 위치전송, 이미지 보안 전송 서비스가 가능하다.

73 **정답** ④

해설 카카오 비즈보드의 광고 노출은 모바일에서만 가능하다.

74 **정답** ②

해설 캠페인 일예산은 5만 원 이상 10억 원 이하로 설정할 수 있으며, 광고그룹은 최소 1만 원 이상, 5억 원 이하로 10원 단위로 설정할 수 있다.

75 **정답** ④

해설 네이버 밴드의 풀스크린 광고는 성별 타기팅만 가능하다.

76 **정답** ②

해설 네이티브(피드) 광고의 타기팅은 성별, 연령, 요일 및 시간, 지역, 관심사, OS, 맞춤 타기팅이 가능한데, 이 중 연령은 5세 단위로 설정 가능하다.

77 **정답** ④

해설 밴드의 소셜 광고 중 스티커를 활용한 보상형 광고는 밴드의 스티커샵에서의 '진행 중 이벤트' 페이지에 광고가 노출되는 광고 상품이다.

78 **정답** ③

해설 네이버 밴드의 스마트채널 광고를 운영할 수 있는 광고 플랫폼은 네이버의 성과형 디스플레이 광고 플랫폼 혹은 네이버 GFA(GLAD For Advertiser)이다. NOSP는 보장형 디스플레이 광고를 운영하는 광고 플랫폼이다.

79 **정답** ③

해설 스마트채널 광고의 최소입찰가는 CPM 1,000원, CPC 10원이고, 네이티브(피드) 광고 역시 최소입찰가는 CPM 1,000원, CPC 10원이다. 네이버 밴드의 광고 중 최소입찰가가 70원인 광고 상품은 없다.

80 **정답** ③

해설 모바일 인스트림 커플 배너는 모바일 전용 상품으로, 하단 띠 배너와 리스트 배너가 함께 노출되는 광고 상품이다. 하단 띠 배너는 콘텐츠 방송 종료 전까지 유지되어 상시 노출되고, VOD 시청 시 광고영상 종료 후에 리스트 배너로 유지되며 최소입찰가는 2,500원부터 시작한다.

Chapter 04
2024년 제2회 기출복원문제 정답 및 해설

1	2	3	4	5	6	7	8	9	10
②	④	②	①	②	①	③	④	①	④
11	12	13	14	15	16	17	18	19	20
②	②	①	③	③	①	①	②	③	③
21	22	23	24	25	26	27	28	29	30
④	④	②	①	②	①	③	①	④	①
31	32	33	34	35	36	37	38	39	40
②	④	①	④	②	④	②	④	②	③
41	42	43	44	45	46	47	48	49	50
②	②	④	①	②	④	③	④	①	②
51	52	53	54	55	56	57	58	59	60
③	①	③	②	①	③	①	③	③	④
61	62	63	64	65	66	67	68	69	70
②	①	①	④	④	②	③	④	②	①
71	72	73	74	75	76	77	78	79	80
④	①	②	③	③	①	④	④	②	①

01 정답 ②

해설 소셜미디어 발전의 기반이 된 웹 2.0의 특징은 공유, 개방, 참여이다.

02 정답 ④

해설 소셜미디어는 크게 블로그, SNS, UCC, 위키, 마이크로 블로그의 5가지 유형으로 구분할 수 있다.

03 **정답** ②

해설 성공적인 콘텐츠 마케팅을 위해서는 콘텐츠의 차별화가 필요하며, 세분화한 오디언스에 맞춰 개인화해야 한다. 브랜드 팬덤 구축을 위한 쌍방향 소통 콘텐츠 제작에 중점을 두고 공감형, 참여형 콘텐츠가 바람직하다. 콘텐츠 형태는 긴 형태보다는 최근 숏폼 형태가 효과적이다.

04 **정답** ①

해설 일반적으로 콘텐츠의 제작 목적에 따라 수익 창출을 위한 광고형 콘텐츠. 유익한 정보를 전달하고 신뢰를 형성하기 위한 정보형 콘텐츠, 소통을 위한 일상형 콘텐츠, 참여를 유도하는 참여형 콘텐츠 등으로 구분할 수 있는데, 소셜미디어 마케팅에서는 참여형 콘텐츠가 확대되고 중요시되고 있는 추세이다.

05 **정답** ②

해설 소셜미디어 마케팅 전략을 통해 목표를 수립하고 이를 위한 달성 계획을 수립해 나가야 하는데, 일정 기간의 단기적 성과를 통한 장기적 성과 달성을 이루어 내는 방향이 바람직하다.

06 **정답** ①

해설 인스타그램(Instagram)은 케빈 시스트롬(Kevin Systrom)과 마이크 크리거(Mike Krieger)가 공동으로 설립한 이미지 공유 중심의 소셜미디어로 현재 메타(Meta)에서 운영하고 있다. 인스타그램은 즉석에서 사진을 볼 수 있는 인스턴트 카메라(Instant Camera)와 정보를 보낸다는 의미의 텔레그램(Telegram)을 합쳐 만들어진 이름으로, 이용자들은 인스타그램을 통해 사진 촬영과 동시에 디지털 효과를 적용하여 페이스북이나 X(엑스) 등에 공유할 수 있다.

07 **정답** ③

해설 소셜미디어 마케팅 활동에서는 유기적 도달이 부족한 경우 플랫폼에서 제공하는 유료 광고를 사용하기도 하지만, 일반적으로 소셜미디어 최적화는 유료 광고를 사용하지 않는 활동을 의미한다. 소셜미디어 최적화는 광고를 활용한 판매 효과보다는 콘텐츠를 통한 유기적 도달 효과, 마케팅 효과 등으로 평가할 수 있다.

08 **정답** ④

해설 메타버스는 초월, 가상을 의미하는 단어 Meta와 우주, 세계(관)를 뜻하는 Universe 의 합성어로 확장된 가상세계를 의미한다.

09 **정답** ①

해설 TV CF 영상을 페이스북에 이용하기 위해서는 페이스북에 적합한 영상으로 재구성 하여 사용하는 것이 좋다. 페이스북에서 사용하는 동영상은 처음 3초 이내에 주요 메시지를 등장시키고 15초 이내의 길이로 구성하는 것이 적합하다.

10 **정답** ④

해설 메타 광고의 구매 유형은 예약(이전 명칭: 도달 및 빈도)과 경매의 2가지 유형이 있 다. 광고의 낙찰은 입찰가와 추산 행동률과 광고 품질을 모두 사용해 광고 관련성을 진단하기 때문에, 광고 경매의 영향 요인이 된다.

11 **정답** ②

해설 광고세트 단계에서는 도달하려는 타깃을 정의하고, 광고 노출 위치를 선택하며 예 산 및 일정을 설정한다.

12 **정답** ②

해설 브랜드 인지도를 높이기 위해서는 맞춤 타깃보다는 유사 타깃을 활용해 광고의 도 달범위를 넓히는 것이 좋다.

13 **정답** ①

해설 광고주가 맞춤 타깃 설정을 위해 제공하는 데이터 소스는 웹사이트, 앱 활동, CRM, 참여 맞춤 활동이 있다. 동영상 시청, 잠재고객 양식 참여, 인스턴트 경험, AR 경험, 쇼핑, 인 스타그램 계정은 메타가 제공하는 데이터 소스 유형이다.

14 **정답** ③

해설 CLV 기반 타기팅은 이미 제품을 구매한 소비자에게만 노출하는 것이 아니라, 고객 과 관계를 유지하는 동안 고객이 기여할 것으로 기대되는 순이익을 기반으로 하여 유사한 특 성을 가진 사람들로 타깃을 확대하는 것이다.

15 **정답** ③

해설 메타의 광고 경매 구매는 입찰가, 추산 행동률, 광고 품질의 3가지 요인이 조합되어 결정된다. 추산 행동률과 광고 품질을 모두 사용해 광고 관련성(이전 명칭: 광고 관련성 점수)을 진단하며, 광고 관련성이 높은 광고는 더 낮은 비용으로 광고 경매에서 낙찰될 수 있다.

16 **정답** ①

해설 메타의 광고 구매 방식은 예약 구매와 경매 구매 방식으로 구분되는데, 최대한 낮은 금액 또는 일정한 목표 금액으로 타깃에게 도달하기 위해서는 경매 구매를 사용한다.

17 **정답** ①

해설 메타에서는 비즈니스 목표에 따라 6가지(인지도, 트래픽, 참여, 잠재고객, 앱 홍보, 판매)로 캠페인 목표를 설정할 수 있다. 오프라인 매장 방문 극대화는 해당되지 않는다.

18 **정답** ②

해설 컬렉션 광고는 제품을 관련 동영상 또는 이미지를 관련 제품과 함께 배치해 제품을 찾기 쉽게 만들고, 관심 있는 고객들이 웹사이트나 앱에서 계속 구매하도록 유도한다.

19 **정답** ③

해설 Foresight(이전 명칭: Facebook IQ)는 다양한 주제에 대한 아티클과 보고서를 제공하고 있으며, 고객 인사이트, 광고 인사이트, 업계 인사이트는 물론 데이터로 간단하게 제시하고 있는 인사이트 카드를 제공하고 있어 이를 통해 광고 전략을 수립하고 비즈니스 과제를 해결할 수 있는 리소스로 활용할 수 있다.

20 **정답** ③

해설 페이스북 동영상 피드 광고는 데스크톱은 1:1 비율만, 모바일은 1:1 비율과 4:5 비율만 사용 가능하며, 세로형 전체화면 동영상을 사용하는 것은 스토리 동영상 광고이다. 메신저 스토리 동영상 광고는 1.91:1의 비율을 사용한다.

21 **정답** ④

해설 컬렉션 광고는 카탈로그에 있는 제품 세트의 작은 제품 이미지와 함께 큰 커버 이미지 또는 동영상을 제공하여 사람들이 제품을 발견하고 구매하도록 유도하는 광고이다.

22 **정답** ④

해설 메타에서는 브랜드 가치 보호 설정을 통해 인콘텐츠 광고 설정, 노출 차단 리스트, 인벤토리 필터(확장, 보통, 제한)를 설정할 수 있다. 제한된 인벤토리를 선택하면 민감한 내용이 포함된 추가적인 콘텐츠 및 라이브 방송이 제외되고, 도달범위가 감소한다.

23 **정답** ②

해설 컬렉션 광고는 커버 이미지 또는 동영상과 그 아래에 표시되는 3개의 제품 이미지로 구성되는 광고 형태로, 제품을 관련 동영상 또는 이미지를 관련 제품과 함께 배치해 제품을 찾기 쉽게 만들고, 사람들의 참여를 유도한다. 다양한 상품을 보유한 쇼핑몰 사업자가 매출을 늘리기 위해서는 커버 동영상과 전 제품 카탈로그 연동이 필요하다.

24 **정답** ①

해설 페이스북은 페이지 성격에 따라 템플릿을 활용할 수 있도록 다양한 페이지 제작 템플릿을 제공하고 있다.

25 **정답** ②

해설 Audience Network는 메타의 협력 매체로 측정 방법이나 지표와 관련이 없다. 성과 측정의 대표적인 것은 전환율(Conversion Rate)이며, A/B 테스트를 사용하면 가장 실적이 좋은 전략을 결정하고 향후 캠페인을 개선할 수 있다. 브랜드 광고 효과 서베이(BLS)는 일정 금액의 광고비를 사용한 광고주를 대상으로 하여 광고가 브랜드 성과 증대에 미치는 영향력을 파악할 수 있도록 자료를 수집해 분석 결과를 제공한다.

26 **정답** ①

해설 동영상 길이는 길게 지원하는 광고 노출 위치도 있지만, 일반적으로 동영상의 길이를 짧게 유지하는 것이 바람직하다.

27 **정답** ③

해설 메타에서는 브랜드 가치 보호 설정 기능을 통해 광고주가 인벤토리 필터를 사용해서 광고가 게재될 민감한 콘텐츠 유형과 콘텐츠의 민감도 수준을 관리할 수 있다. 6가지의 콘텐츠 카테고리는 참사 또는 분쟁 콘텐츠, 논란의 여지가 있는 사회 문제 관련 콘텐츠, 성인 & 성적인 콘텐츠, 약물 사용이나 범죄 콘텐츠, 비속어 또는 저속한 성적 언어 사용이 많은 콘텐츠, 노골적이거나 잔인한 콘텐츠이다. 브랜드 상황에 따라 인벤토리 설정에서 제한된 인벤토리를 설정하면 콘텐츠에 따라 광고 노출이 제한된다.

28 **정답** ①

해설 오해의 소지가 있는 콘텐츠나 미용 시술을 홍보 또는 묘사하는 콘텐츠의 경우 커뮤니티 규정을 위반해 허용되지 않는 콘텐츠 유형은 아니지만, 페이스북과 인스타그램에서 추천되지는 않는 콘텐츠 유형이다.

29 **정답** ④

해설 노출 위치는 광고를 게재할 수 있는 곳을 말하며, 자동 노출 위치 설정과 수동 노출 위치 설정 중에서 선택하게 된다. 자동 노출 위치 설정, 즉 어드밴티지+ 노출 위치는 성과가 가장 좋을 것으로 예측되는 위치에 메타의 광고 시스템이 자동으로 광고를 게재되기에 광고 게재 위치를 세세하게 제어할 수는 없다.

30 **정답** ①

해설 고정된 노출당 비용(Cost Per Mille: CPM)으로 도달과 빈도 구매(예약 구매)가 가능하며, 빈도의 한도 설정은 물론 타깃이 광고를 볼 수 있는 주당 횟수를 제어할 수 있는 타깃별 빈도 설정이 가능하다.

31 **정답** ②

해설 데이터 소스로는 카탈로그, 픽셀, 오프라인 이벤트 세트, 이벤트 데이터 세트, 맞춤 전환, 자산, 이벤트 소스 그룹, 공유 타깃, 페이지 구조, 비즈니스 크리에이티브 폴더가 포함된다.

32 **정답** ④

해설 불법적인 차별로부터 보호하기 위해 주택(Housing Ads), 고용(Employment Ads) 또는 신용(Credit Ads) 기회 관련 광고는 특별광고 카테고리로 분류되어 타기팅이 제한적으로 이루어진다.

33 **정답** ①

해설 교차 게시된 동영상의 시청 시간은 총 시청 시간에 포함되지 않기에 동영상 교차 게시는 수익화 조건인 시청 시간을 늘리기 위한 조치가 아니다.

34 정답 ④

해설 불법적인 차별로부터 보호하기 위해 주택(Housing Ads), 고용(Employment Ads) 또는 신용(Credit Ads) 기회 관련 광고는 특별광고 카테고리로 분류되며 이 광고의 타기팅은 제한적으로 이루어진다.

35 정답 ②

해설 유튜브 캠페인에서 가장 중요한 성과 지표인 영상 조회수 집계 방식에 대해서는 알려져 있지 않다. 유튜브 알고리즘은 불투명하기로 유명하지만, 2016년 구글의 직원이 유튜브 추천 동영상을 결정하는 심층 신경망 관련 문서를 공개해 일정 부분 밝혀지기도 했다. 유튜브에서의 검색 내역, 거주지역, 성별, 기기 종류 등이 포함된 사용자의 유튜브에서의 활동 내역, 그리고 시청 지속 시간과 시청자의 시그널(좋아요, 댓글, 구독, 알림 설정 등)이 콘텐츠 노출에 영향을 미치는 것으로 나타났으며, 꾸준히 업로드된 채널의 콘텐츠가 노출되는 것으로 알려져 있다.

36 정답 ④

해설 유튜브 측은 조회수가 실제인지 확인하기 위해 일시적으로 조회수를 집계하는 속도를 줄이거나 정지 혹은 변경하며, 품질이 낮은 재생 횟수는 조회수에 반영하지 않고 삭제하기도 한다. 자동 재생 시청은 조회수에 포함되지 않는다.

37 정답 ②

해설 광고 수익 창출 조건은 지난 365일간 공개 동영상 시청 시간 4,000시간 또는 지난 90일간 공개 Shorts 동영상 조회수 1,000만 회 이상이어야 한다.

38 정답 ④

해설 유튜브 광고를 하기 위해서는 먼저 구글애즈(Google Ads) 계정을 만들고 유튜브 채널을 구글애즈 계정에 연결해야만 한다.

39 정답 ②

해설 숏폼 콘텐츠 플랫폼인 유튜브 Shorts는 2021년 출시되었다.

40 정답 ③

해설 트루뷰포리치(Trueview for Reach)는 범퍼 광고와 건너뛸 수 있는 인스트림 광고를 함께 사용해 더 많은 순사용자에게 도달하기 위한 것으로 건너뛸 수 없는 인스트림 광고 (트루뷰 인스트림 광고)와 믹스해 사용하면 원하는 메시지를 사용자에게 모두 전달함으로써 예산 내에서 도달범위를 극대화할 수 있다. 영상 길이는 제한 없으나 15~20초가 권장된다.

41 **정답** ②

해설 건너뛸 수 없는(스킵할 수 없는) 인스트림 광고는 CPM 입찰을 사용하고 노출수를 기준으로 과금된다.

42 **정답** ②

해설 사용자가 광고를 클릭하여 동영상을 보거나, 10초 이상 동영상이 자동 재생될 때만 과금되는 인피드 동영상 광고의 과금 방식은 CPV이며, 광고영상 길이의 제한이 없는 것이 특징이다.

43 **정답** ④

해설 컴패니언 배너는 건너뛸 수 있는 인스트림 광고, 건너뛸 수 없는 인스트림 광고, 범퍼 광고와 함께 부족한 클릭을 유도하기 위해 지원되는 광고 형태이다. 유튜브 보기 페이지에 광고 옆에 표시되어 클릭하면 해당 웹사이트 URL로 이동하게 된다. 컴패니언 광고는 독자적으로 사용되지 않고 클릭 유도를 지원하는 광고 형태이므로 브랜드 인지도를 목표로 한다고 보기는 어렵다.

44 **정답** ①

해설 브랜드 구매 고려도를 높이기 위해서는 우리 브랜드에 관심 있을 것으로 여겨지는 세그먼트를 특정화하여 타기팅하는 방식, 즉 특정 키워드, URL 등을 추가해 이상적인 잠재고객에게 도달하는 맞춤 세그먼트 방식을 사용한다.

45 **정답** ②

해설 인피드 광고는 유튜브 피드나 검색결과에 노출되어 클릭을 유도하는 광고 상품으로 마케팅 퍼널의 구매 단계에 적합하다.

46 **정답** ④

해설 인지도 및 구매 고려 목표에서는 아웃스트림, 광고 시퀀스, 참여 유도를 하위 유형으로 사용할 수 있다.

47 정답 ③

해설 인스트림 광고, 인피드 광고, Shorts 광고가 노출된 횟수는 노출수를 말하며, 광고
조회 1회에 지급할 의사가 있는 최대 금액은 최대 CPV, 사용자가 동영상의 30초 지점까지
(동영상 광고가 30초 미만일 때 광고 전체를) 계속 봤을 때 또는 동영상과 상호작용할 때(둘
중 먼저 발생한 액션 기준) 지급하는 평균 비용은 평균 CPV를 말한다.

48 정답 ④

해설 콘텐츠 제외 설정은 계정 수준 또는 개별 캠페인 수준에서 설정할 수 있다. 계정 수
준에서 인벤토리 유형, 콘텐츠 유형, 디지털 콘텐츠 라벨을 선택할 수 있으며, 이 설정이 모든
동영상 캠페인에 자동으로 적용된다. 인벤토리 유형으로는 제한된, 표준, 확장된 인벤토리가
있는데, 구글애즈 계정에는 기본적으로 표준 인벤토리로 설정되어 있다.

49 정답 ①

해설 특정 기기를 컴퓨터, 휴대전화, 태블릿, TV 화면으로 구분하여 타기팅을 설정할 수
있으며, 통신사, 기기의 운영체제, 기기 모델, 네트워크 환경의 상황에 따라서도 타기팅이 가
능하다.

50 정답 ②

해설 게재 빈도를 높였다는 것은 사용자 한 명이 광고를 본 횟수를 늘렸다는 것으로 일정
기간 광고캠페인에서 게재 빈도를 높이면 도달범위는 상대적으로 줄 수밖에 없다.

51 정답 ③

해설 시청자가 동영상을 2초 이상 재생한 경우에 과금된다.

52 정답 ①

해설 CPV는 $\frac{광고비}{조회수}$ = 40원이다.

53 정답 ③

해설 유튜브에서는 관심 분야, 구매 의도, 게재 위치, 주제로 상세 타기팅이 가능하다. 구
매 예산으로는 타기팅할 수 없다.

54 **정답** ②

해설   언어 타기팅을 통해 광고주는 광고를 게재하려는 사이트의 언어를 선택할 수 있으며, 2가지 언어 사용자를 동시에 타기팅할 수 있다. 지역 타기팅과 함께 사용하면 더 성과를 높일 수 있다.

55 **정답** ①

해설   조회율(VTR)은 노출수 대비 조회 가능한 동영상 광고 유료 조회수의 비율을 말한다. 조회율은 클릭률(CTR)과 비슷하지만 클릭수를 측정하는 대신 유튜브 동영상 광고에서는 광고를 시청한 사용자수를 집계한다.

56 **정답** ③

해설   콘텐츠 (기반) 타기팅은 광고를 게재할 위치(또는 게재하지 않을 위치)를 기반으로 한 타기팅 방식으로 게재 위치, 주제, 키워드 타기팅이 이에 해당된다. 잠재고객의 성향만을 근거로 광고를 노출하는 타기팅 방법은 사용자 기반 타기팅 방식이다.

57 **정답** ①

해설   초기 목록은 최근 30일 사이에 내 채널에서 활동한 적이 있는 사용자 목록을 만들 수 있다.

58 **정답** ③

해설   브랜드 광고 효과 서베이(Brand Lift Survey: BLS)는 유료 서비스가 아니라 무료로 이루어진다. 단, 일정 금액 이상의 광고비를 집행해야만 가능하다.

59 **정답** ③

해설   인구통계 변수로는 성별, 나이, 소득, 종교, 인종, 결혼, 자녀 유무 등이 있다. 거주지는 지역으로 구분된다.

60 **정답** ④

해설   품질평가점수는 유튜브 동영상 광고의 품질을 점수로 매긴 것으로 품질평가점수가 좋으면 광고 비용을 낮추고 광고 게재 순위를 상승시킬 수 있다. 품질평가점수는 조회율(View Through Rate: VTR), 동영상 재생 진행률, CTR(노출수 대비 클릭수), 이전 광고 이력의 요소에 따라 점수가 결정된다. 광고비 수준은 광고 품질평가점수에 영향을 주지 않는다.

61 **정답** ②

해설 성인용 콘텐츠에 광고 노출을 배제하려면 성인 시청가를 의미하는 'DL-MA' 디지털 콘텐츠 라벨을 제외해야 한다.

62 **정답** ①

해설 유튜브와 동영상 파트너 사이트 및 앱에 광고를 게재하는 도달범위, 조회수 및 전환수 등을 기반으로 하여 동영상 캠페인을 정확하게 설정할 수 있게 해 주는 구글의 도구는 도달범위 플래너(Reach Planner)이다.

63 **정답** ①

해설 사용자가 동영상 광고를 시청하거나 광고에 참여(광고와 상호작용)한 횟수를 조회수라 한다.

64 **정답** ④

해설 광고의 도달범위를 최대화해 브랜드 인지도를 높일 수 있는 유튜브의 광고 유형은 아웃스트림 광고이다.

65 **정답** ④

해설 캠페인 설정에서 광고가 사용자에게 게재되는 광고 일정을 설정하고, 광고 게재 빈도를 제한할 수 있다.

66 **정답** ②

해설 도달범위 플래너는 구글애즈에서 무료로 사용할 수 있는 성과 분석 지원 도구로 광고비 지출액에 따른 도달범위를 예측할 수 있어 이에 따른 미디어 계획을 수립해 집행할 수 있다.

67 **정답** ③

해설 캠페인 총예산을 사용하면 예산 범위를 초과하는 조회수나 노출수가 발생해도 캠페인에 대해 입력한 총예산액만큼만 청구된다.

68 **정답** ④

해설 시청자에게 특정 순서로 광고를 게재하여 제품 또는 브랜드 스토리를 전달하려는 경우에 유용하다는 점은 광고 시퀀스 캠페인의 이점이다.

69 **정답** ②

해설 유튜브 맞춤 동영상 추천에는 요소는 구독 중인 채널의 영상, 과거 시청 이력이 있는 영상, 시청 중인 영상 그리고 이와 관련되거나 유사한 영상 등이 복합적으로 반영된다.

70 **정답** ①

해설 캠페인별로 최대 30개까지 광고를 만들 수 있다.

71 **정답** ④

해설 비즈보드 익스팬더블은 카카오톡 친구탭, 채팅탭, 오픈채팅탭에서만 노출되며, 그 외의 지면에서는 익스팬더블 확장 요소 없이 일반 배너로만 노출된다. 카카오 비즈보드 CPT 에서도 익스팬더블 집행이 가능하다.

72 **정답** ①

해설 카카오 디스플레이 광고에서는 카탈로그형을 사용해야만 하나의 소재에 최대 10개 의 상품 정보를 효과적으로 노출할 수 있다.

73 **정답** ②

해설 카카오가 2023년 11월 기존의 카카오 뷰 서비스를 종료함에 따라 스폰서드 보드 광고 역시 광고 집행이 중단되었다. 신규로 만들 수 없는 광고 상품은 스폰서드 보드 광고이다.

74 **정답** ③

해설 CPC는 $\dfrac{\text{광고비}}{\text{클릭수}}$ 이므로 500원이다.

75 **정답** ③

해설 카카오 비즈보드 광고는 도달, 방문, 전환에서 광고 운영 목적에 맞게 광고 목표를 선택할 수 있다. 카카오 비즈보드 광고에서는 동영상 소재가 사용되지 않기 때문에 조회를 목표로 할 수 없다.

76 **정답** ①

해설 네이버 풀스크린 광고는 밴드 앱 종료 시 단독 노출되는 보장형 광고 상품으로 CPM 방식이 아니라 CPT 방식으로 구매한다.

77 **정답** ④

해설 네이버 밴드의 알림광고(새소식 광고, 푸시 알림 광고)는 네이버 비즈센터에서 집행하거나 대행사 위탁 운영 및 직접 운영할 수 있다.

78 **정답** ④

해설 네이버 밴드 피드 광고에서는 하나의 소재에 최대 5개의 상품 정보(이미지)를 노출 가능하며 이미지마다 랜딩 URL 설정이 가능한 이미지 슬라이드형 광고를 사용할 수 있다.

79 **정답** ②

해설 네이버 네이티브(피드) 광고의 캠페인 목적으로는 웹사이트 전환, 웹사이트 트래픽, 앱 설치, 동영상 조회가 있고, 목적에 따라 네이티브 이미지, 이미지 슬라이드, 동영상 중 선택하여 사용한다. 앱 설치 목적에서는 네이티브 이미지, 이미지 슬라이드만 사용 가능하고 동영상을 사용할 수 없다.

80 **정답** ①

해설 X(구 트위터)의 광고 상품으로는 프로모션 광고, X 앰플리파이(Amplify), X 테이크오버(Takeover), X 라이브(Live), 다이내믹 프로덕트 광고(Dynamic Product Ads: DPA), 컬렉션 광고(Collection Ads)가 있다. 브랜드 해시태그는 틱톡의 광고 상품이다.

Chapter **05**
A형 샘플문제 정답 및 해설

1	2	3	4	5	6	7	8	9	10
①	④	③	④	③	③, ④	④	①	①	③
11	12	13	14	15	16	17	18	19	20
④	③	①	①	④	②	①	③	②	④
21	22	23	24	25	26	27	28	29	30
①	③	④	①	①	④	③	④	④	②
31	32	33	34	35	36	37	38	39	40
③	①	②	③	④	②	①	④	②	③
41	42	43	44	45	46	47	48	49	50
③	②	④	④	③	④	①	③	①	②
51	52	53	54	55	56	57	58	59	60
③	①	②	①	④	③	②	②	①	③
61	62	63	64	65	66	67	68	69	70
③	①	③	②	③	④	①	④	④	④
71	72	73	74	75	76	77	78	79	80
④	④	④	①	②	②	④	④	④	③

01 **정답** ①

해설 매스미디어는 소셜미디어보다 사용자에게 도달범위가 넓다. 소셜미디어는 매스미디어와 달리 접근 가능한 개방형 플랫폼으로 누구나 사용 가능하며 쌍방향 커뮤니케이션으로 개방과 공유의 가치를 가진다.

02 정답 ④

> **해설**   대량의 메시지 전달은 매스미디어의 우위 요소이다. 사회적 관계, 정보의 공유, 인
> 맥 형성의 측면에서는 소셜미디어가 매스미디어보다 우위를 갖는다.

03 정답 ③

> **해설**   틱톡(TikTok)은 15초에서 3분 사이의 짧은 영상을 제작 및 공유할 수 있는 중국 바
> 이트댄스가 개발하여 2016년 서비스가 시작된 소셜 네트워크 서비스이다.

04 정답 ④

> **해설**   SEO(Search Engine Optimization)는 검색엔진 최적화로 검색엔진에서 홈페이
> 지, 웹사이트가 검색결과 상위에 더 잘 노출될 수 있게 하여 웹사이트로의 트래픽을 높이는 것
> 을 말한다. 즉, 포털 사이트의 검색엔진을 분석하여 검색했을 때 광고주의 페이지가 상위 노
> 출할 수 있도록 한다.

05 정답 ③

> **해설**   소셜네트워크서비스는 사용자 간의 관계를 형성할 수 있는 웹 기반 플랫폼이다. '사
> 회 연결망'이라고 표현할 수 있지만, 의미로 보자면 '친구 맺기'나 우리식대로 '인맥 쌓기',
> '인맥 구축' 정도의 의미이다. 인터넷상에서 친구, 동료 등 지인 간의 인간관계를 강화하거나
> 새로운 인맥을 형성함으로써 인적 네트워크를 형성할 수 있는 서비스이다. 소셜다이닝은 소
> 셜네트워크서비스를 통해서 함께 식사를 즐기기 위해 만나는 것을 말한다.

06 정답 ③, ④

> **해설**   소셜 마케팅이 매스미디어를 활용한 마케팅보다 비용이 적게 들지만, 소셜 마케팅
> 의 이점으로 반드시 마케팅 비용 절감이 이루어진다고는 할 수 없다. 또한 검색 SEO 최적화
> 는 검색 마케팅 전략을 통해 비즈니스가 가질 수 있는 이점으로 볼 수 있다.

07 정답 ④

> **해설**   소셜미디어 대응 프로세스는 감정(assessment)-평가(evaluation)-대응(response)
> 의 과정으로 이루어지는데, 긍정적인지 부정적인지를 먼저 감정하고, 긍정일 경우는 그대로
> 두고 부정적인 글은 낚시질, 분노, 정보오류, 고객 불만의 4가지 유형으로 분류하며, 감정과
> 평가를 근거로 대응 방안을 결정 및 대응하는 프로세스로 이루어진다.

08 정답 ①

해설 본래는 고대 그리스 가면극에서 배우들이 썼다가 벗었다가 하는 가면을 가리키는 말로, 마케팅에서는 어떤 제품 혹은 서비스를 사용할만한 목표 인구 집단 안에 있는 다양한 사용자 유형들을 대표하는 가상의 인물을 말한다. 세그먼트(segment)는 고객을 특성에 따라 세분화하는 것을 말한다.

09 정답 ①

해설 인스타그램 지면에만 광고노출을 원할지라도 광고 게재를 위해서는 대표계정 섹션에 페이스북 페이지를 먼저 연결해야 한다. 인스타그램 슬라이드 광고를 통해서는 브랜드 인지도, 도달, 트래픽, 앱 설치, 잠재고객 확보, 카탈로그 판매, 매장 유입 등을 광고 목표로 설정할 수 있다.

10 정답 ③

해설 브랜드 인지도 증대를 위해서는 조회수 극대화를 위한 전략을 사용하고 조회가 많이 되기 위해서는 자동노출 위치 및 자산 맞춤을 설정한다. 또한 노출 위치별로 다양한 화면비를 사용하는 것이 좋다.

11 정답 ④

해설 오프라인 전환 API를 사용하여 오프라인 이벤트 데이터를 페이스북으로 직접 보낼 수 있으며, 이를 통해 오프라인에서 발생하는 매출에 대한 광고의 영향력을 측정할 수 있다.

12 정답 ③

해설 커머스 관리자 기능을 통해 페이스북과 인스타그램의 Shop을 설정할 수 있다. 진행 가능한 마케팅 솔루션은 홍보 메뉴의 쿠폰, 광고 메뉴의 트래픽 광고와 어드밴티지+카탈로그 광고의 3가지이다. 아직 Shop에서 라이브쇼핑은 우리나라에서 제공되지 않는다.

13 정답 ①

해설 광고의 이유가 거래량 증가이므로 캠페인 목표로는 판매 캠페인이 적합하다. CPA(Cost Per Action)가 상승하여 거래량이 늘지 않고 있다면 타깃을 확대해 거래량을 늘릴 수 있는 방법을 찾아야 한다. 노출 위치를 확장하고 유사 타기팅을 선택하여 타깃을 넓히고, 거래량 확대를 위한 전환 캠페인을 선택한다. CPA를 낮추기 위해서는 유사 타기팅과 웹사이트 리타기팅을 시도해 볼 수 있다.

14 정답 ①

해설 픽셀을 설치하면 전환을 보고하고, 타깃을 만들고, 사람들의 이용 방식에 관한 인사이트를 얻을 수 있다. 픽셀은 웹사이트에서의 취하는 행동을 분석한다. 또한 이를 통해 캠페인을 통해 유입된 사람들이 어떠한 행동을 취했는지를 파악할 수 있다. 이러한 방식으로 더 효과적으로 특정 행동을 취할 가능성이 큰 사람들에게 광고를 게재하는 전환 최적화를 통해 성과를 증대할 수 있다.

15 정답 ④

해설 Audience Network 지면에서는 메타의 광고 목표 11개 중에서 브랜드 인지도, 도달, 참여는 동영상 전용으로만 가능하며, 트래픽, 앱 설치, 전환, 카탈로그 판매만을 캠페인 목표로 설정할 수 있었다. 메타는 최근 기존의 11개였던 광고 목표를 인지도, 트래픽, 참여, 잠재고객, 앱 홍보, 판매의 6가지로 간소화하고, 전환 위치와 전환 이벤트를 설정하면 Audience Network 지면에 6가지 광고 목표를 모두 사용할 수 있다. 본 문제에서는 이전의 메타의 광고목표 구분으로 예시가 제시되어 있으므로 이전의 광고 목표 구분에 따라 답을 고른다.

16 정답 ②

해설 머신러닝은 알고리즘과 예측 분석을 통해 광고 세트를 게재할 수 있는 가장 좋은 방법을 탐색한다.

17 정답 ①

해설 세계광고협회(International Advertising Bureau: IAB)에 따르면 유동성이란 가장 가치 있는 노출(Impression)을 달성하도록 광고 예산이 낭비 없이 사용되었을 때의 상태, 즉 최적화 상태를 말한다. 머신러닝으로 유동성을 증대시키고 광고주의 투자수익률을 증대시키는 영역은 타깃 파악, 게재 지면이나 노출 위치의 선정, 예산 배분 등이다. 타기팅 최적화, 예산 배분 혹은 광고 입찰가의 최적화, 노출 매체 혹은 노출 지면의 최적화, 타깃별 광고 소재의 최적화 등이 가능하다. 캠페인 목표 결정은 여기에 해당하지 않는다.

18 정답 ③

해설 메타에서 제공하는 인사이트에 대한 설명이다. Meta Business Suite에서 Foresight (이전 명칭 : Facebook IQ)는 물론 여러 지원 도구를 활용할 수 있다.

19 정답 ②

해설 Audience Network는 앱 광고로 측정 방법이나 지표와 관련이 없다. 성과 측정의 대표적인 것은 전환율(Conversion Rate)이며, A/B 테스트를 사용하면 가장 실적이 좋은 전략을 결정하고 향후 캠페인을 개선할 수 있다. 브랜드 리프트 서베이(=브랜드 광고 효과 서베이)는 별도의 비용 없이 소재 및 타기팅의 A/B 테스트가 가능하며 다양한 광고 효과를 분석하여 그 결과를 실시간으로 캠페인에 반영해 성과를 개선할 수 있다.

20 정답 ④

해설 Meta Business Suite는 페이스북, 인스타그램, 왓츠앱 등에서 비즈니스 활동과 관리를 할 수 있는 무료 도구로 콘텐츠와 광고, 커머스를 하나의 계정으로 관리할 수 있다. 또한 광고 운영 및 추적, 광고 계정의 자산관리, 비즈니스 관리를 위한 대행사나 마케팅 파트너 추가 등 전반적인 광고 관리가 이루어진다.

21 정답 ①

해설 CBO(Campaign Budget Optimization)를 통해 더 나은 예산 배분, 수동 설정 최소화, 오디언스 중복 예방을 가능케 한다. 캠페인 성과를 극대화하고자 한다면 예산 최적화가 필요하다. 광고 세트들이 전반적으로 목표에 맞게 예산이 분배되도록 최적화하는 것을 어드밴티지 캠페인 예산이라고 한다.

22 정답 ③

해설 자산 맞춤화는 캠페인의 노출 위치별로 광고 소재를 개인화하는 데 사용할 수 있는 도구이다. 여러 미디어(이미지, 동영상)와 여러 광고 구성요소(이미지, 동영상, 텍스트, 오디오, 행동 유도)를 광고 성과를 높이기 위해 광고를 보는 각 사람에게 맞춤화된 크리에이티브 결과물을 제시하는 것을 자산 맞춤화(소재 맞춤화로도 불림)라고 한다. 메타의 미디어 라이브러리를 통해 이미지를 자동으로 제공하고, 기본 언어 설정에 따라 언어를 자동으로 번역하여 제공된다.

23 정답 ④

해설 글로벌 캠페인에서 고객의 기본 언어에 맞게 문구를 자동으로 번역해 제공하는 메타의 특징인 DLO(dynamic language optimization)는 모든 노출 위치에서 지원되지는 않는다.

24 정답 ①

해설 매출이 목표이므로 트래픽 캠페인은 제외한다. '가치'란 구매 이벤트 기간인 하루 또는 일주일(선택 설정에 따라 다름) 내에 창출된 1인당 수익을 의미한다. 가치 최적화란 페이스북 시스템을 통해 달성할 수 있는 성과로 매출 상향을 위해선 전환을 높이고, 가치 최적화를 기준으로 삼아야 한다.

25 정답 ①

해설 메타에서는 크리에이터와 퍼블리셔가 인스트림 광고, 팬 구독, 브랜디드 콘텐츠, 그룹에 유료 멤버십 추가를 통해 수익을 창출할 수 있다. 광고 게재 시 지역 차단 관리 설정이 되어 있는 인스트림 광고, 여러 언어로 제공되는 인스트림 광고, 라이브 방송의 인스트림 광고는 수익화가 가능하다. 하지만 프리롤, 미드롤, 포스트롤, 또는 페이스북에서 광고 노출 위치를 제공하는 배너 광고가 이미 포함된 콘텐츠는 인스트림 광고에 사용할 수 없다.

26 정답 ④

해설 메타 커뮤니티는 콘텐츠의 진실성 보장, 사람의 존엄성과 권리 보장, 개인정보와 사생활 보호를 위한 개인 정보 보호 기능을 제공하고 있다. 표현을 자유를 위해 제한 없이 자유롭게 보장하지는 않는다.

27 정답 ③

해설 메타에서는 브랜드 가치보호 설정 기능을 통해 광고주가 인벤토리 필터를 사용해서 광고가 게재될 민감한 콘텐츠 유형과 콘텐츠의 민감도 수준을 관리할 수 있다. 6가지의 콘텐츠 카테고리는 참사 또는 분쟁 콘텐츠, 논란의 여지가 있는 사회문제 관련 콘텐츠, 성인 & 성적인 콘텐츠, 약물 사용이나 범죄 콘텐츠, 비속어 또는 저속한 성적 언어 사용이 많은 콘텐츠, 노골적이거나 잔인한 콘텐츠이다. 브랜드 상황에 따라 인벤토리 설정에서 제한된 인벤토리를 설정하면 콘텐츠에 따라 광고노출이 제한된다.

28 정답 ④

해설 자동 노출 위치를 사용하면 최대한 넓은 범위에 걸쳐 도달되고 예산을 가장 효율적으로 사용하고 비용을 관리할 수 있다. 즉 자동 노출 위치 사용은 동일한 예산으로 더 많은 타깃에게 도달할 수 있으며, 그 결과 더 많은 전환효과를 얻을 수 있다. 그러나 메타의 광고 게재 시스템이 각 노출 위치당 가장 낮은 평균 비용이 아니라 가장 낮은 전체 평균 비용으로 게재되도록 설계되어 있기에 광고 게재 위치를 세밀하게 제어할 수는 없다.

29 정답 ④

해설 글로벌 인스턴트 메신저 앱인 왓츠앱(WhatsApp)은 카카오톡으로 인해 국내에서 잘 알려져 있진 않지만, 메신저 앱으로서 고객들과의 소통에 도움이 된다.

30 정답 ②

해설 비즈니스 목표 설정을 위해서는 환경 분석, 경쟁사 분석, 자사 이전 마케팅 활동 등을 포함한 자사 분석이 선행되어야 하며 이를 통해 캠페인 목표를 설정해야 한다. 비즈니스 목표 설정 이후에 광고 크리에이티브를 개발한다.

31 정답 ③

해설 비즈니스 목표는 SMART 공식에 따라 구체적이고(specific), 측정 가능해야 하며(Measurable), 달성 가능해야 하고(Achievable), 실현가능해야 하고(Realistic), 시간제한(Time bound)이 있도록 설정되어야 한다. 따라서 잘 정의된 비지니스 목표는 ③뿐이다.

32 정답 ①

해설 광고 세트 수준에서는 노출 위치, 타기팅, 광고 예산 및 일정 옵션을 설정할 수 있다. 광고 전환추적은 '광고' 수준에서 선택할 수 있는 옵션이다.

33 정답 ②

해설 타깃에게 광고를 최대한 여러 번 게재하면 도달은 낮아지고 빈도가 높아진다. 반면 타깃에게 광고 빈도를 1회로 제한하면 더 많은 사람에게 광고가 보이므로 도달은 높아진다. 그러므로 도달을 높이기 위해서는 최대한 많은 사람에게 노출되도록 해야 한다.

34 정답 ③

해설 메타의 광고 입찰 옵션은 oCPM(최적화된 CPM) 비딩 방식으로 진행된다.

35 정답 ④

해설 특별광고는 불법적인 차별로부터 보호하기 위해 주택(Housing Ads), 고용(Employment Ads) 또는 신용(Credit Ads) 기회 관련 광고로 특별광고 카테고리로 분류되어 타기팅이 제한적으로 이루어진다.

36 정답 ②

해설 메타의 데이터 소스로는 카탈로그, 픽셀, 오프라인 이벤트 세트, 이벤트 데이터 세트, 맞춤 전환, 자산, 이벤트 소스 그룹, 공유 타깃, 페이지 구조, 비즈니스 크리에이티브 폴더가 포함된다. 도메인은 브랜드 가치보호 및 적합성에 포함된 메뉴이다.

37 **정답** ①

해설 유튜브 광고를 대표하는 광고인 트루뷰 인스트림 광고(Trueview Instream Ads)는 건너뛸 수 있는 인스트림 광고(혹은 스킵광고)로 명칭이 변경되었다. 광고에 반응한 경우에만 과금되는 프리롤 광고이며, 광고가 시작되면 5초간 강제 노출된 후 이후 건너뛰기(skip)가 가능하다.

38 **정답** ④

해설 트루뷰 인스트림 광고(Trueview Instream Ads)의 과금 방식은 CPV(Cost Per View)로 이용자의 시청시간이나 클릭에 따라 비용이 발생한다. 광고영상이 30초 이상일 경우 30초 이상을, 30초 미만일 경우에는 시청을 완료해야 광고비용이 발생한다.

39 **정답** ②

해설 트루뷰 인스트림 광고(Trueview Instream Ads)는 광고가 시작되면 5초간 강제 노출된 후 이후 건너뛰기(skip)가 가능하다.

40 **정답** ③

해설 트루뷰 인스트림 광고(Trueview Instream Ads)는 길이가 30초 이상일 경우 30초 이상을 시청해야 과금이 발생한다.

41 **정답** ③

해설 트루뷰 인스트림 광고(Trueview Instream Ads)는 유튜브 영상 시청페이지에 노출되는 동영상 광고이다.

42 **정답** ②

해설 트루뷰 인스트림 광고는 영상 내의 다양한 영역, 즉 제목, 랜딩 URL, CTA(Call to Action), 컴패니언 배너 등을 클릭했을 때 과금된다.

43 **정답** ④

해설 트루뷰 인스트림 광고는 길이가 30초 미만일 경우, 즉 문제와 같이 15초 영상 소재를 사용할 경우는 15초 시청을 완료해야 과금된다.

44 정답 ④

해설 트루뷰 동영상 광고의 영상 길이는 제한 없는 것이 특징이다. 유튜브 측은 3분 이내 영상이 효과적이므로 이 영상길이를 권장하고 있다.

45 정답 ③

해설 트루뷰 동영상 광고의 최소 CPV 입찰 금액은 별도로 지정되어 있지 않다.

46 정답 ④

해설 구글애즈(Google Ads)에서 관리할 수 있는 광고는 유튜브 동영상 광고, 구글 앱 광고, 구글 디스플레이 광고 등이 있다. 유튜브 라이브 스트리밍은 콘텐츠 제작에 관한 것으로 구글애즈와는 상관없다.

47 정답 ①

해설 트루뷰 광고 등 유튜브 광고 집행을 위해서는 구글애즈(Google Ads)에 광고 소재를 등록하는데, 유튜브 채널이나 유튜브 스튜디오에서 직접 업로드하고 이를 구글애즈에서 광고 소재로 불러와 사용한다.

48 정답 ③

해설 인피드 동영상 광고로 명칭이 변경된 트루뷰 비디오 디스커버리 광고는 유튜브 검색 지면을 포함해 다양한 추천 영상 목록에 광고가 노출된다. 과금방식은 CPV(Cost Per View)이며, 광고 사용자가 이미지(썸네일)나 텍스트를 클릭하여 동영상이 재생될 때, 또한 사용자가 광고를 클릭하여 보거나 10초 이상 자동 재생될 때 과금된다. 클릭 후 영상 시청시간은 과금에 영향을 주지 않는다.

49 정답 ①

해설 트루뷰 비디오 디스커버리 광고(=인피드 동영상 광고)는 광고를 클릭하면 광고영상 시청페이지로 연결되어 동영상이 재생된다.

50 정답 ②

해설 컴패니언 이미지 배너는 유튜브 동영상 광고 옆에 표시되는 광고로 300×60px 크기의 JPEG, GIF 또는 PNG의 형식만 등록할 수 있다.

51 **정답** ③

해설 조회율은 광고 노출수 대비 조회수의 비율을 말한다.

52 **정답** ①

해설 광고가 시작된 이후 15초 동안 건너뛰기가 불가능한 광고 상품은 건너뛸 수 없는 인스트림 광고(Non-skippable Instream Ads)로 TV CF와 유사한 방식이다.

53 **정답** ②

해설 유튜브의 경매형 상품 중 트루뷰 인스트림 광고는 유튜브 채널 동영상 조회수에 반영될 수 있지만, 건너뛸 수 없는 인스트림 광고(Non-skippable Instream Ads)는 영상 조회수에 반영되지 않는다. 범퍼 광고와 아웃스트림 광고도 조회수에 반영되지 않는다.

54 **정답** ①

해설 조회율은 (조회수÷노출수)×100으로 (20,000회÷100,000회)×100=20%이다.

55 **정답** ④

해설 6초 미만의 건너뛰기가 없는 범퍼 광고(Bumper Ad)의 과금 방식은 노출 1,000회당 비용을 지불하는 CPM(Cost Per Mille) 또는 타깃 CPM 방식으로 과금된다.

56 **정답** ③

해설 6초 미만의 건너뛰기가 없는 범퍼 광고는 짧고 인상적인 메시지 전달을 통해 효과적으로 인지도 및 높은 도달률 확보가 가능하다. 범퍼 광고와 아웃스트림 광고, 건너뛸 수 없는 인스트림 광고(Non-skippable Instream Ads)는 조회수에 반영되지 않는다. 범퍼 광고의 입찰방식은 CPM이다.

57 **정답** ②

해설 유튜브 동영상 광고는 유튜브 홈피드, 영상 시청페이지는 물론 구글 디스플레이 네트워크(GDN)와 제휴 파트너에서 게재할 수 있다. 구글 검색 결과에는 유튜브 동영상 광고가 게재되지 않는다.

58 **정답** ②

해설 광고 시퀀스(Ads Sequencing)은 특정 순서로 광고를 게재하여 제품 또는 브랜드 스토리를 전달하는 방식이다. 제품과 서비스의 소비자 인지도와 고려도 증대에 효과적이다.

59 **정답** ①

해설 유튜브 광고 검수는 대부분 영업일 기준 1일(24시간) 이내 검토 완료된다.

60 **정답** ③

해설 광고 모음(ad pods)이라고도 하는 2개의 연달아 재생되는 동영상 광고는 길이가 긴 동영상 콘텐츠(5분 이상)에서만 허용된다. 2개의 광고가 연속으로 게재되기 때문에 길이가 긴 동영상을 시청하는 데에 중간에 방해받지 않는다는 점이 장점으로 지적된다.

61 **정답** ③

해설 유튜브 광고가 가능하기 위해서는 유튜브 채널 내 동영상이 일부 공개 또는 공개 상태이어야 한다. 채널에 비공개 상태일 경우에는 유튜브 광고가 불가능하다.

62 **정답** ①

해설 동일 유저에게 반복적으로 노출되는 것을 최소화하기 위해서는 광고 게재 빈도 설정을 통해 인당 광고 노출수를 제한하여 최적화할 수 있다.

63 **정답** ③

해설 리마케팅은 자신의 영상을 한 번이라도 시청했거나 자신의 채널을 방문·구독했던 사용자를 타기팅한 것으로, 구글애즈의 잠재고객 관리자에서 원하는 목록을 선택할 수 있다. 목록 선택 후 목록의 크기와 기간을 설정하는데, 비디오 리마케팅 목록(=내 데이터 목록) 크기는 빈 목록으로 시작할 수도 있고 최대 120일까지 내 채널에서 활동한 적이 있는 사용자의 데이터를 불러와 목록으로 만들 수도 있다. 멤버십 기간(잠재고객으로 유지할 기간)은 리타기팅 목록을 언제까지 수집할 것인지를 지정하는 것인데, 최대 540일까지 설정할 수 있다. 구글애즈에서 이전의 초기 목록 기간은 14일이었으나, 30일, 그리고 120일로 계속 커지고 있다. 2024년 기준으로는 120일이 정답이지만, 문제 제출 시점에 따라 14일, 30일도 정답이 될 수 있다.

64 **정답** ②

해설 중복시청을 최소화하고 순시청자를 최대화하기 위해서는 한 사람에게 한 번만 광고가 노출되어야 한다. 이를 조절하는 것이 바로 게재 빈도 설정이다. 게재 빈도는 광고가 동일한 사용자에게 게재되는 횟수를 말하며, 특정 유저의 중복시청을 최소화하고 광고 피로도를 낮추기 위해서는 광고 게재 빈도를 조정해야 한다.

65 **정답** ③

해설 유튜브와 동영상 파트너 사이트 및 앱에 광고를 게재하는 도달범위, 조회수 및 전환수 기반 동영상 캠페인을 정확하게 설정할 수 있게 해 주는 구글의 광고캠페인 계획 도구는 도달범위 플래너(Reach Planner)이다.

66 **정답** ④

해설 유튜브 동영상 광고 게재 순위 선정에는 CPV 입찰가, 광고 품질, 광고 순위 기준, 입찰 경쟁력, 사용자 검색의 문맥, 확장 소재, 다른 광고 형식의 예상 효과 등의 요소들을 고려하여 계산되는데 입찰 시 광고 품질은 예상 클릭률, 영상 조회율, 광고 관련성, 방문 페이지 만족도를 말한다. 사용자 검색의 문맥은 시청 위치, 기기, 검색 시점, 검색어의 특성, 페이지에 게재되는 다른 광고 및 검색결과, 다른 사용자 신호 및 속성 등을 말한다.

67 **정답** ①

해설 유튜브는 크리에이터에게 유튜브 리소스와 수익 창출 기능을 더 폭넓게 사용하도록 유튜브 파트너 프로그램(YPP)을 운영하고 있다. 참여 시 필요한 최소 자격 요건은 YPP가 제공되는 국가/지역에 거주해야 하며, 애드센스 계정을 연결해야 한다. 또한 유튜브 채널 수익 창출 정책을 준수하고, 활성 상태의 채널에 커뮤니티 가이드 위반 경고가 없어야 한다. 광고 수익 창출을 위해서는 구독자 수 1,000명 이상, 지난 365일간 공개 동영상의 유효 시청 시간 4,000시간 또는 지난 90일간 공개 Shorts 동영상 조회수 1,000만 회 이상이어야 한다.

68 **정답** ④

해설 카카오 광고의 과금 방식은 CPC와 CPM이 있으며, 전환을 설정할 경우 CPA도 가능하다. CPI(Cost Per Install)는 설치 1건당 비용(앱 다운로드)을 말한다.

69 **정답** ④

해설 카카오 광고의 기본 타기팅 방식은 성별, 나이, 디바이스, 지역, 키워드, 카테고리 타기팅이다. 리타기팅은 메타의 타기팅 방식이다.

70 **정답** ④

해설 광고가 '검토중'인 상태일 때는 광고가 게재되지 않는다.

71 **정답** ④

해설 카카오 광고는 카테고리 타기팅(관심사·업종·서비스)과 고객이 사용한 카카오서비스에 따라서, 그리고 사용자들이 검색한 이력을 토대로 타기팅이 가능하다. 또한 사용자의 현재 위치를 준 실시간으로 파악하여 디스플레이 및 메시지 광고를 보여 주는 모먼트 타기팅이 가능하며, 픽셀 & SDK를 통해 웹사이트 및 앱에서의 방문, 가입, 설치, 장바구니, 구매 등의 액션을 기준으로 고객을 타기팅할 수 있다.

72 **정답** ④

해설 카카오 동영상 광고는 카카오톡 콘텐츠, 모바일 앱 뉴스탭, 카카오스토리 피드 영역 등에 노출된다. 카카오페이는 광고 매체에 해당하지 않는다.

73 **정답** ④

해설 카카오 비즈보드는 채팅탭 최상단의 고정된 배너로 광고하는 방식으로 카카오톡 채팅탭의 높은 트래픽을 활용해 최적의 효율을 낼 수 있는 광고 상품이다. 노출수가 매우 높은 광고로 다양한 랜딩페이지와 연결할 수 있으며, 픽셀 또는 SDK를 설치하여 활용할 수 있지만 동영상 광고는 불가능하다.

74 **정답** ①

해설 카카오 비즈보드는 카카오톡 채팅목록탭 최상단에 노출되며, 카카오버스, 카카오지하철, 카카오내비 등에 노출된다.

75 **정답** ②

해설 네이버 밴드는 MAU(Monthly Active User) 2,000만 명의 국내 소셜미디어로 남성과 여성이 유사한 비율을 가지며, 40~50대 이용자 비중이 높은 특징이 있다.

76 **정답** ②

해설 네이버 밴드 디스플레이 광고 상품으로는 풀스크린 광고, 네이티브(피드) 광고, 스마트채널 광고, 소셜 광고 등이 있다.

77 **정답** ④

해설 네이버 밴드광고의 스마트채널 광고는 밴드 홈, 채팅탭/새소식탭 및 네이버 지면 등에 노출되는 광고로 CPM, CPC 2가지 방식으로 과금된다.

78 **정답** ④

해설 풀스크린 광고는 밴드 앱 종료 시 노출되는 1일 1 광고주 단독 노출되는 보장형 디스플레이 상품으로 안드로이드 전용이다.

79 **정답** ④

해설 네이버 밴드의 네이티브(피드) 광고는 웹사이트 트래픽, 앱 설치, 동영상 조회 등의 거의 모든 캠페인 목적에서 사용할 수 있으며, 네이버 성과형 디스플레이 플랫폼(네이버 GFA)에서 집행할 수 있다.

80 **정답** ③

해설 네이버 밴드의 네이티브(피드) 광고는 시간/요일, 연령/성별, 지역, 디바이스, 관심사 타기팅 및 맞춤 타깃 설정이 가능하다. 인구 타깃은 성별 및 연령(5세 단위)로, 특정 요일 및 시간 타기팅이, 지역은 서울 및 경기도는 시/구, 그 외 지역은 군/구 단위까지 가능하다. 또한 고객 파일, MAT, 유사 타깃 등을 추가해 맞춤 설정이 가능하다. 모든 OS 타기팅이 가능한 것은 아니고, 모바일의 경우 안드로이드나 iOS 중에서 선택해 타기팅할 수 있다.

Chapter 06
B형 샘플문제 정답 및 해설

1	2	3	4	5	6	7	8	9	10
④	①	②	②	③	②	③	①	④	①
11	12	13	14	15	16	17	18	19	20
③	③	④	②	③	②	④	①	①	③
21	22	23	24	25	26	27	28	29	30
③	④	③	④	④	③	④	①	①	②
31	32	33	34	35	36	37	38	39	40
④	③	④	①	②	③	①	②	③	③
41	42	43	44	45	46	47	48	49	50
①	③	④	①	②	①	③	②	④	④
51	52	53	54	55	56	57	58	59	60
②	②	①	④	②	①	②	③	④	④
61	62	63	64	65	66	67	68	69	70
③	④	④	④	④	①	③	④	④	④
71	72	73	74	75	76	77	78	79	80
③	④	③	③	①	④	③	②	①	③

01 정답 ④

해설 인스타그램에서는 이미지와 동영상에 제품 태그를 삽입할 수 있으며, 스티커를 추가해 반응을 이끌어 낼 수 있다. 또한 라이브 방송을 통해 고객들과 소통할 수 있다.

02 정답 ①

해설 틱톡(TikTok)은 15초에서 3분 사이의 숏폼(short-form) 형식의 영상을 제작 및

공유할 수 있는 중국 바이트댄스가 개발하여 2016년 서비스가 시작된 소셜 네트워크 서비스
이다.

03 정답 ②

해설 할인 프로모션 정보전달은 페이스북이 더 적합하다.

04 정답 ②

해설 이미지와 영상을 활용해 트렌디한 콘텐츠로 타깃에게 노출할 수 있는 인스타그램
활용 마케팅 전략으로 대표적인 것은 해시태그 마케팅, 브랜디드 콘텐츠 활용 등이다. 인스타
그램에서 다른 사람의 계정에 있는 게시물을 내 계정에 리포스팅 하는 것을 리그램이라 하는
데, 동일 내용을 인플루언서가 그대로 리그램하는 것은 권장되지 않는다.

05 정답 ③

해설 효율적인 인력 리소스 관리를 위해 최근 유행하는 틱톡 매체만을 집중적으로 관리
하는 것은 적합하지 않다. 매체별 특성에 맞게 매체를 다각적으로 관리하는 것이 좋다.

06 정답 ②

해설 메타버스는 초월, 가상을 의미하는 단어 Meta와 우주를 뜻하는 universe의 합성
어로 확장된 가상세계를 의미한다.

07 정답 ③

해설 브이로그는 비디오(Video)의 형식으로 인터넷에 올려지는 블로그(Blog)의 합성어
로 최근 동영상 플랫폼에서 유행했던 영상 콘텐츠의 유형의 하나이다.

08 정답 ①

해설 모방을 의미하는 그리스어 '미메메(mimeme)'에서 나온 말로 생물체의 유전자처
럼 재현 모방을 되풀이하며 이어가는 사회 관습적인 문화 요소를 나타내는 밈(Meme)은 디
지털 유행 코드를 뜻한다.

09 정답 ④

해설 메타에서는 브랜드 가치보호 설정 기능을 통해 차단 리스트를 만들어 노출을 관리

할 수 있다. 브랜드 캠페인이나 메시지에 적합하지 않은 특정 퍼블리셔, 웹사이트를 제외하고
그 외에는 광고 노출 극대화를 위해서 자동 노출 위치를 사용하면 효과적이다.

10 정답 ①

> **해설** 컬렉션 광고에는 광고에 사용할 커버 이미지나 동영상이 필요하며, 그 아래에 3개
> 의 이미지로 구성되어 있기에 최소한 4개 이상의 제품 이미지 또는 제품이 들어있는 카탈로
> 그가 필요하다. 여기에 사용하기 적합한 크리에이티브 전략은 15초 동영상 및 전 제품의 카
> 탈로그를 연동하는 것이다. 가로 커버 이미지를 사용하는 것은 인스턴트 경험을 활용한 컬렉
> 션 광고에는 적합하지 않으므로 판매율이 높은 4개 상품으로 구성된 제품 세트 부분은 맞지
> 만 가로 커버 이미지를 사용한다는 점에서 잘못되었다.

11 정답 ③

> **해설** 전환 API는 서버, 웹사이트 플랫폼, 앱 또는 CRM의 마케팅 데이터와 메타를 연결
> 하는 도구로 쿠키 지원을 중단하는 상황에서 메타 픽셀, 메타 SDK와 함께 사용하면 광고캠페
> 인의 성과 및 측정할 수 있는 대안으로 제시되고 있다.

12 정답 ③

> **해설** 커머스 관리자에서 카탈로그에 상품을 추가하는 주요 방법은 수동 업로드, 데이터
> 피드 사용, 픽셀 사용의 3가지이다. 카탈로그에 올려야 할 제품이 많고 자주 추가해야 한다면
> 픽셀을 사용하는 것이 좋고, 인벤토리가 작고 자주 변경할 것이 없다면 수동으로 업로드하는
> 것도 좋다. 다만 수동 업로드는 제품 수가 50개 미만일 때에 적절하다. 구글 스프레드시트를
> 사용한다면 구글 스프레드시트를 수동 업로드하는 것이 아니라, 구글 스프레드시트를 대량
> 업로드한다.

13 정답 ④

> **해설** 이벤트는 웹사이트에서 발생하는 행동을 말한다. 메타 픽셀/SDK의 표준 이벤트로
> 는 결제 정보 추가(AddPaymentInfo), 장바구니에 담기(AddToCart), 위시리스트에 추가
> (AddToWishlist), 등록 완료(CompleteRegistration), 결제 시작(InitiateCheckout), 잠
> 재고객(Lead), 구매(Purchase), 검색(Search), 체험판 시작(StartTrial), 구독(Subscribe),
> 콘텐츠 보기(ViewContent)가 있다.

14 정답 ②

> **해설** App Event를 측정하기 위해 선택할 수 있는 솔루션으로는 메타 SDK, 앱 이벤트

SDK를 사용할 수 있다. 또한 MMP(Mobile Measurement Partner)와 협력할 수 있다.

15 **정답** ③

해설 모바일 브랜드 캠페인에서 효과적으로 활용하기 위해서는 TVCF 영상을 재구성하여 사용하는 것이 좋다. 페이스북에서 사용하는 동영상은 처음 3초 이내에 주요 메시지를 등장시키고 15초 이내의 길이로 구성하는 것이 적합하다.

16 **정답** ②

해설 20개의 상품과 동영상 소재가 있으므로 컬렉션 광고를 사용하는 것이 가장 적합하다. 컬렉션 광고는 카탈로그에 있는 제품 세트의 작은 제품 이미지와 함께 큰 커버 이미지 또는 동영상을 제공하여, 사람들이 제품을 발견하고 구매하도록 유도하는 광고이다.

17 **정답** ④

해설 모바일용 스토리텔링 기법으로는 부메랑(Boomerang), 버스트(Burst), 펄스(Pulse), 역순 동영상(Retrograde) 등이 있다. 어느 정도의 시간 흐름을 통해 스토리를 전개하는 전개의 방식은 전통적인 스토리텔링 기법에 해당한다.

18 **정답** ①

해설 도달과 빈도를 조절하는 광고 판매방식은 CPM(Cost Per Mille)이다. 이를 통해 광고비용을 예측할 수 있다.

19 **정답** ①

해설 메신저를 통해 대화를 유도하여 잠재고객을 확보하고, 잠재고객과의 대화수 최대화를 목표로 한다면 메신저 연결 광고가 적합하다.

20 **정답** ③

해설 4,000,000회×30원=120,000,000원의 광고비가 필요하므로 이 금액을 최소한의 예산으로 설정해야 한다.

21 **정답** ③

해설 페이스북의 인스트림 동영상은 버티컬(세로형)보다는 가로형이 적합하다. 광고가 포함된 동영상이 모두 표시되도록 가로 방향 16:9 비율의 가로형을 사용하는 것이 좋다. 뉴스피드 또는 인스타그램 피드는 정사각형 이미지나 4:5 비율의 동영상이 적합하며, 메신저의 홍보 메시지는 1.91:1 혹은 16:9 이미지가 효과적이다.

22 **정답** ④

해설 메타의 광고 구매 유형은 예약 구매(이전 명칭: 도달 및 빈도 구매)와 경매 구매의 유형이 있다. 예약 구매일 때는 일반 게재는 물론, 광고 순서를 지정하는 순차 게재, 예약 게재를 선택할 수 있으며, 경매 구매에서는 일반 게재만 가능하다. 즉 광고 게재 순서를 지정하는 순차 게재는 예약 구매에서만 가능하다.

23 **정답** ③

해설 메타의 어드밴티지+ 카탈로그 광고(이전 명칭: 다이내믹 광고)는 특정한 조건에 따라 광고를 만들어주는 형태로 제품, 호텔, 항공권/여행, 자동차, 부동산 업종은 가능하지만 금융 업종은 해당되지 않는다. 단, 항공권/여행, 자동차 및 부동산 업종은 생성형 AI를 통해 광고 크리에이티브를 만들 수 있는 어드밴티지+ 카탈로그 크리에이티브를 아직 사용할 수 없다.

24 **정답** ④

해설 메타의 맞춤 타기팅은 메타 사용자 중에서 광고주의 기존 고객들을 활용한 타기팅 방식이다. 맞춤 타깃 생성 시 사용할 수 있는 것은 메타가 제공하는 소스(동영상 시청, 잠재고객 양식 참여, 인스턴트 경험, AR 경험, 쇼핑, 인스타그램 계정)와 광고주가 제공하는 소스(웹사이트, 앱 활동, CRM, 참여 맞춤 타깃)이다. 관심사는 상세 타기팅에서 설정 가능한 항목이다.

25 **정답** ④

해설 광고 경매 낙찰에 영향을 미치는 요소는 입찰가(광고주가 해당 광고에 설정한 입찰가), 추산 행동률(특정 사람이 특정 광고에 반응을 보이거나 특정 광고로부터 전환하는 행동의 추정치), 광고 품질(Ad quality)의 3가지 요인에 따라 결정된다. 또한 품질 순위, 참여율 순위, 전환율 순위를 통해 광고 관련성 진단(이전 명칭: 광고 관련성 점수)이 이루어져 영향을 미친다.

26 **정답** ③

해설 고객 데이터를 사용해 성과를 내고 있어 만족도가 높은 상태이지만, 기존 고객에게 광고가 지속적으로 노출되기 때문에 광고 예산을 늘려도 도달률이 낮아진다.

27 **정답** ④

해설 지난 시즌 모델 구매에 관심을 보인 고객을 대상으로 하기 위해서는 온라인 (구매) 전환 데이터가 필요하다.

28 **정답** ①

해설 도달 및 빈도를 고려한 구매 방식, 즉 예약 구매는 CPM(Cost Per Mille) 방식을 사용한다.

29 **정답** ①

해설 신규 고객 유치를 목적으로 할 때는 위치 및 인구통계 기반의 폭넓은 핵심 타깃을 설정하는 것이 좋다.

30 **정답** ②

해설 메타의 광고 캠페인 목표는 인지도(브랜드 인지도, 도달), 관심 유도(트래픽, 참여, 앱 설치, 동영상 조회, 잠재고객 확보, 메시지), 전환(전환, 카탈로그 판매, 매장 유입)을 설정할 수 있었다. 지금은 6가지, 즉 인지도, 트래픽, 참여, 잠재고객, 앱 홍보, 판매로 캠페인 목표를 단순화했다.

31 **정답** ④

해설 페이스북의 광고 형식은 이미지, 슬라이드, 컬렉션, 인스턴트 경험, 동영상, 스토리, 브랜디드 콘텐츠 등이 있는데, 이 중 컬렉션 광고에는 사람들이 비즈니스의 제품과 서비스를 더욱 손쉽게 발견하고, 둘러보고, 구매할 수 있도록 카탈로그가 필요하다.

32 **정답** ③

해설 메타에서 이미지 광고는 가장 광범위하게 활용할 수 있는 형식 중 하나로 고품질의 시각적 요소를 활용한다. 다양한 노출 위치에 권장되는 화면비율을 사용하고, 제품이나 서비스, 브랜드를 이미지 내에 노출해 메시지를 효율적으로 전달하는 것이 좋다. 또한 최소 픽셀 크기의 요구 사항을 확인해서 광고가 흐려지지 않게 하는 것이 좋다. 광고 이미지에 포함되는 텍스트의 비율은 20% 미만을 권장한다.

33 **정답** ④

해설 메타에서 성과 측정을 위해 제공하는 도구는 메타 픽셀, 메타 SDK, 오프라인 전환,

전환 API이다.

34 **정답** ①

해설 매출을 올리기 위해서라면, 총 전환수를 KPI(Key Performance Index: 핵심 성과 지표)로 삼는 것이 좋다.

35 **정답** ②

해설 메타의 성과 측정 및 인사이트를 파악할 수 있도록 가능하게 하는 것은 메타 픽셀(웹), 메타 SDK(앱), 전환 API 등이다.

36 **정답** ③

해설 메타 Foresight(이전 명칭: Facebook IQ)는 다양한 주제에 대한 아티클과 보고서를 제공하고 있으며, 고객 인사이트, 광고 인사이트, 업계 인사이트는 물론 데이터로 간단하게 제시하고 있는 인사이트 카드를 제공하고 있어 이를 통해 광고 전략을 수립하고 비즈니스 과제를 해결할 수 있는 리소스로 활용할 수 있다.

37 **정답** ①

해설 광고 로테이션은 검색, 쇼핑, 디스플레이 캠페인에서 선택할 수 있는 옵션이다. 광고 로테이션을 사용하면 광고그룹의 여러 광고를 서로 비교하여 각 광고의 게재 빈도를 지정할 수 있다. 계정에 있는 광고는 한 번에 하나만 게재할 수 있기에 광고그룹에 광고가 여러 개 있으면 로테이션 방식이 적용된다. 광고 로테이션 옵션으로는 '최적화' 설정(조회, 전환)과 '최적화하지 않음'이 있다.

38 **정답** ②

해설 채널 소유주와 구글애즈 계정 소유주가 서로 다른 경우가 있을 수 있기에 비디오 리마케팅 설정을 위해서는 유튜브 채널과 구글애즈 계정을 서로 연동해야 한다.

39 **정답** ③

해설 비디오 리마케팅 목록으로 만들 수 있는 것은 채널 페이지 방문함, 채널의 동영상 광고를 조회함, 채널의 동영상을 좋아함, 채널의 동영상에 댓글을 작성함, 채널의 동영상을 공유함, 채널 구독, 특정 동영상을 조회함, 특정 동영상을 광고로 조회함 등이다.

40 **정답** ③

해설 구글애즈 계정 하나에 최대 10,000개의 유튜브 채널을 연결할 수 있고, 하나의 유튜브 채널에 최대 300개의 구글애즈 계정을 연결할 수 있다. 유튜브 채널과 구글애즈 계정이 연결할 때 별도의 태그를 설치할 필요는 없다.

41 **정답** ①

해설 비디오 빌더는 메시지와 목표에 따라 다양한 레이아웃 중에서 선택하고 색상과 글꼴을 사용자 지정하고 짧은 유튜브 동영상(6초 또는 15초)을 빠르게 제작할 수 있는 제작 도구이다.

42 **정답** ③

해설 타깃그룹별 맞춤형 메시지를 담아 많은 수량의 동영상을 빠르게 제작할 수 있는 도구는 디렉터 믹스(Director Mix)이다.

43 **정답** ④

해설 비디오(동영상) 액션 광고의 추가 기능으로는 사이트 링크 확장, 제품 피드(product feed) 확장, 앱 딥링크 기능이 있으나, 지도 기능을 추가할 수는 없다.

44 **정답** ①

해설 어린이 시청자만을 위한 맞춤 앱은 유튜브 키즈로, 유튜브 키즈 앱에 광고를 게재하기 전에 유튜브 정책팀의 사전 승인을 받아야 하고, 광고주는 관련 법률 및 규정(관련 자체 규제 또는 업계 가이드라인 포함)도 준수해야 하기에 안전한 환경에서 광고를 노출할 수 있다.

45 **정답** ②

해설 TV 방송사와 웹 오리지널 콘텐츠 채널을 선별해 판매하는 유튜브의 예약형 광고 상품은 프라임팩(Prime Pack)으로 유튜브 셀렉트(YouTube Select)로도 불리며 스킵 가능(최대 60초), 15초 논스킵 광고 형태를 가지며, CPM 방식으로 과금된다.

46 **정답** ①

해설 마스트헤드는 광고는 유튜브 광고 중 프리미엄 지면으로 모든 기기에서 유튜브 홈 피드 상단(Masthead)에 표시되는 네이티브 동영상 기반의 광고 유형으로, 원하는 노출량만큼 구매해 노출하는 예약형 광고 상품이다. 현재 CPM(노출 단위) 마스트헤드와 CPH(시간 단위) 마스트헤드의 2가지 유형으로 구분할 수 있다.

47 정답 ③

해설 CPM 마스트헤드 광고는 예약형 광고 상품이고, 트루뷰 디스커버리(=건너뛸 수 있는 디스커버리), 트루뷰 비디오 디스커버리(=인피드 동영상 광고), 범퍼 광고는 경매형 광고 상품이다.

48 정답 ②

해설 브랜드 리프트 서베이(Brand Lift Survey: BLS)는 구글에서 진행할 수 있는 광고 효과 조사 도구로, 클릭수, 노출수, 조회수 같은 전통적인 측정항목 대신 광고 회상, 인지도, 구매 고려도, 호감도, 구매 의도를 측정한다.

49 정답 ④

해설 트루뷰 동영상 광고(건너뛸 수 있는 인스트림 광고)에서는 인구통계, 관심 분야, 문맥, 주제, 리타기팅의 타기팅이 가능하다. 특정 앱 사용자 타기팅은 불가능하다.

50 정답 ④

해설 인구통계 변수로는 성별, 나이, 소득, 종교, 인종, 결혼, 자녀 유무 등이 있다. 거주지는 위치로 구분된다.

51 정답 ②

해설 콘텐츠 (기반의) 타기팅은 주제, 콘텐츠 키워드, 게재 위치에 대한 것이고, 리마케팅은 사용자 기반 타기팅이다.

52 정답 ②

해설 특정 채널, 특정 동영상에 광고를 게재하기 위해 사용할 수 있는 타기팅은 게재 위치(채널) 타기팅이다.

53 정답 ①

해설 콘텐츠 타기팅은 주제, 콘텐츠 키워드, 게재 위치 설정으로 구분된다. 유튜브 동영상들을 뉴스, 엔터테인먼트, 게임, 건강 등과 같은 특정 주제로 구분해 주제별로 광고를 게재하는 것은 주제 타기팅이다.

54 **정답** ④

해설 구매 의도 세그먼트는 다양한 종류의 제품을 살 의향이 있는지에 따라 세분화한 타기팅이다. 관심사와 구매 의도를 선택하면 서비스를 이용하는 과정에서 수집되는 행태 정보를 기반으로 타기팅할 수 있다.

55 **정답** ②

해설 20대 여성에게만 노출한 타기팅 방식은 인구통계 타기팅 방식이다. 인구통계 타기팅은 특정 연령대, 성별, 자녀 유무 등에 따라 잠재고객을 타기팅하는 방식이다.

56 **정답** ①

해설 적용한 문맥(키워드)을 기반으로 유튜브 내의 영상 제목, 설명 문구, 태그 등에 매칭되어 광고 노출을 하는 것이 키워드 타기팅이다. 사용할 수 있는 키워드수는 제한 없으며, 경쟁사 키워드도 사용할 수 있다.

57 **정답** ②

해설 브랜드 인지도 개선을 목표로 한다면 도달률이 높고, 조회수가 많은 것이 효과적일 것이기 때문에 조회수(사용자가 동영상 광고를 시청하거나 광고에 참여한 횟수), 조회율(동영상 광고에서 발생한 조회수 또는 참여수를 광고가 노출된 횟수로 나눈 값), 조회당 비용(CPV)을 가장 중요하게 생각해야 한다.

58 **정답** ③

해설 유튜브 스튜디오(YouTube Studio)의 애널리틱스(Analytics)를 통해서 많은 데이터를 확인할 수 있는데, 영상 시청자 연령 및 성별, 영상 재생 국가, 유튜브 이용 시간대, 조회수, 노출수, 평균 시청 지속 시간 등을 확인할 수 있다. 영상을 시청하지 않고 건너뛴 시청자 비율은 동영상 이벤트를 넣은 태그를 삽입하여야 확인할 수 있다.

59 **정답** ④

해설 유튜브 광고 집행 시 특정 게재 지면과 특정 유저에게 노출되지 않길 원한다면 제외 타기팅을 사용할 수 있다. 광고 게재를 원하지 않는 콘텐츠 유형, 카테고리 등을 설정해 제외할 수 있다.

60 정답 ④

해설 품질평가점수는 다른 광고주와 비교해 내 광고 품질을 파악할 수 있는 진단 도구로 예상 클릭률(CTR), 광고 관련성, 방문 페이지 만족도의 3가지 구성요소의 실적을 통합적으로 고려하여 산출된다. 광고비 수준은 광고 품질평가점수에 영향을 주지 않는다.

61 정답 ③

해설 유튜브에서는 공개, 일부공개로 설정해서 업로드한 영상만 광고영상으로 노출된다. 동영상을 유튜브를 통해 올렸지만, 유튜브나 구글에서 검색되지 않길 원한다면 미등록으로 설정한다. 비공개는 내가 선택한 사용자만 보기가 가능하도록 설정하는 것을 말하며, 유튜브 계정으로 최대 50명까지 공유할 수 있다.

62 정답 ④

해설 반응형 디스플레이 광고는 구글 웹사이트, 앱, 유튜브, Gmail에 맞게 광고를 자동으로 조합하여 게재되는 구글 네트워크 디스플레이(GDN) 광고 형태이다. 현재 유튜브 광고 유형으로 마스트헤드 광고는 24시간 독점이 가능한 CPD 마스트헤드 광고는 2021년 종료되었고, 현재 CPM 마스트헤드 광고와 CPH(시간 단위) 마스트헤드의 2가지 유형이 있다.

63 정답 ④

해설 맞춤 세그먼트를 사용해 관심 분야 및 행동을 나타내는 키워드, 잠재고객이 방문할 만한 웹사이트 URL, 잠재고객이 이용할 만한 앱 이름 등을 입력하여 이상적인 잠재고객에게 도달할 수 있다.

64 정답 ④

해설 특정 기기를 컴퓨터, 휴대전화, 태플릿, TV 화면으로 구분하여 타기팅을 설정할 수 있으며, 기기의 운영 체제, 기기 모델, 네트워크 환경의 상황에 따라서도 타기팅이 가능하다. 그러나 특정 TV 브랜드에 따라 타기팅 할 수는 없다.

65 정답 ④

해설 유튜브는 크리에이터에게 유튜브 리소스와 수익 창출 기능을 더 폭넓게 사용하도록 유튜브 파트너 프로그램(Youtube Partner Program: YPP)을 운영하고 있다. YPP를 통해 수익을 창출하는 방법은 콘텐츠에 게재되는 디스플레이, 오버레이, 동영상 광고를 통한 광고 수익을 비롯해 채널 멤버십, 상품 섹션, 슈퍼챗(Super Chat) 및 슈퍼스티커(Super Sticker) 판매(일부 국가), 유튜브 프리미엄(YouTube Premium) 수익 등이 있다.

66 정답 ①

해설   유튜브 스튜디오(Youtube Studio)의 애널리틱스(Analytics)를 통해서 많은 데이터를 확인할 수 있는데, 트래픽 소스에서 시청자가 내 동영상을 찾은 경로를 확인할 수 있다.

67 정답 ③

해설   유튜브에 사용자를 커뮤니티 가이드 위반 콘텐츠로 연결하는 외부링크를 콘텐츠에 게시할 수 없다. 대표적으로 음란물로 연결되는 링크, 멀웨어를 설치하는 웹사이트나 앱으로 연결되는 링크, 사용자의 로그인 사용자 인증 정보, 금융 정보 등을 피싱하는 웹사이트 또는 앱으로 연결되는 링크, 유튜브 규제 상품 가이드에 명시된 상품의 판매 사이트로 연결되는 링크 등이 있다.

68 정답 ④

해설   유튜브 커뮤니티 가이드에 따르면 다른 사용자를 상대로 사기, 현혹, 스팸, 사취하려는 의도가 있는 콘텐츠는 허용되지 않는다. 과도하게 자주 게시되거나, 반복되거나, 뚜렷한 대상이 없는 콘텐츠(스팸), 제목, 썸네일, 설명란을 이용하여 사용자가 콘텐츠의 내용을 다른 내용으로 오해하도록 속이는 콘텐츠, 인센티브 스팸, 댓글 스팸, 반복되는 댓글, 실시간 스트리밍을 악용하는 콘텐츠는 가이드 위반 사례에 해당한다. 좋아하는 가수의 뮤직비디오 영상을 자신의 유튜브 채널 내 재생목록으로 만드는 행위는 커뮤니티 가이드 위반에 해당하지 않는다.

69 정답 ④

해설   카카오 비즈보드는 채팅탭 최상단의 고정된 배너로 카카오톡 채팅탭의 높은 트래픽을 활용해 최적의 광고 효율을 이끌어 낼 수 있는 상품이다. URL, 애드뷰, 채널웹뷰, 챗봇, 비즈니스폼, 톡캘린더, 소식 등 다양한 랜딩 페이지 연결이 가능하다.

70 정답 ④

해설   카카오 광고의 유형은 디스플레이, 메시지, 검색광고가 있으며, 광고 소재 유형은 동영상, 이미지, 메시지 광고 형태가 있다. 단순 텍스트 형태 광고는 없고 채널 메시지, 알림톡/친구톡/상담톡의 형태로 진행된다. 플친 메시지는 카카오 채널로 변경되었다.

71 정답 ③

해설   카카오 광고의 광고 목표로는 전환, 방문, 도달, 조회로 설정할 수 있다.

72 **정답** ④

해설 카카오 카테고리 타기팅은 카카오 사용자의 관심 분야, 구매 패턴, 이용 서비스 등을 통해 관심 카테고리를 추정하여 타기팅 할 수 있다. 광고 반응, 고객 파일 등의 유저 데이터를 통해 타기팅이 가능하며, 픽셀 & SDK를 설정할 수 있다. 페이스북 친구 리스트와는 연결되지 않는다.

73 **정답** ③

해설 카카오 비즈보드 광고캠페인 설정에서 일예산은 최소 5만 원부터 최대 10억 원 이하로 10원 단위로 설정할 수 있다.

74 **정답** ③

해설 카카오톡 채널의 광고 목표로는 전환, 방문, 도달, 조회로 설정할 수 있다. 이 중에서 카카오톡 채널 광고는 채널 친구들에게 메시지를 발송하는 것으로 광고 목표를 도달로 설정하는 것이 적합하다.

75 **정답** ①

해설 네이버 밴드의 광고 상품으로는 풀스크린 광고, 네이티브(피드) 광고, 스마트채널 광고, 소셜 광고가 있다. 풀스크린 광고의 유저 타기팅으로는 성별 타기팅만 가능하고, 네이티브(피드) 광고와 스마트채널 광고에서는 시간/요일, 연령/성별, 지역, 디바이스, 관심사 타기팅 및 맞춤 타깃 설정이 가능하다. 풀스크린 광고는 미디어렙사와 대행사를 통해 집행 가능하며, 네이티브(피드) 광고와 스마트채널 광고는 대행사 위탁 운영 및 직업 운영이 가능하다.

76 **정답** ④

해설 네이버 밴드 광고의 스마트채널 광고는 밴드 홈, 새소식, 채팅 최상단에 노출되는 상품으로 최소입찰가는 CPM 2,000원, CPC 10원(VAT 별도)이다. 타기팅 옵션은 네이티브(피드) 광고와 동일하게 시간/요일, 연령/성별, 지역, 디바이스, 관심사 타기팅 및 맞춤 타깃 설정이 가능하다. 고정 노출은 아니다.

77 **정답** ③

해설 네이버 밴드의 네이티브(피드) 광고는 시간/요일, 연령/성별, 지역, 디바이스, 관심사 타기팅 및 맞춤 타깃 설정이 가능하다. 인구 타깃은 성별 및 연령(5세 단위)로, 특정 요일 및 시간 타기팅이, 지역은 2단계, 또는 3단계(시/군＞구/면＞동/읍 등으로 설정할 수 있다. 또한 MAT, 유사 타깃을 추가해 맞춤 설정이 가능하다. 또한 OS는 안드로이드와 iOS를 나눠서 타기팅할 수는 없고, 안드로이드나 iOS 중 하나를 선택한 타기팅이 가능하다.

78 **정답** ②

해설   네이버 밴드의 네이티브(피드) 광고는 밴드의 새 글 피드탭에 게재된다. 1회 노출 빈도를 설정할 수 있으며, 네이티브(피드) 광고는 밴드 이용자의 밴드 활동 패턴을 분석한 관심사(25개 항목) 타기팅, 이용자의 제품 또는 서비스 구매 의도를 분석한 구매 의도(15개 항목) 타기팅이 가능하다. 네이버 밴드의 광고 유형으로 네이버가 기본 위치로 설정되지는 않는다.

79 **정답** ①

해설   X(엑스)는 22개 이상의 개별 광고 유형을 광고별로 특성을 반영해서 5가지 카테고리, 즉 프로모션 광고, 팔로워 광고, 테이크오버 광고, 앰플리파이(Amplify) 광고, 트위터 라이브로 구분했다. 문제에서 설명하고 있는 광고는 테이크오버 광고의 세부 유형이다.

80 **정답** ③

해설   라이브커머스란 생방송 영상을 의미하는 라이브 스트리밍(Live Streaming)과 상업을 의미하는 커머스(Commerce)가 합쳐진 말로 생방송 영상을 통해 제품을 사고파는 행위를 하는 미디어 커머스의 새로운 형태이다. 꾸밈없는 영상에 활발한 소통이 이뤄지는 것이 라이브커머스의 특징이다.

저자 소개

서보윤

중앙대학교 신문방송학과 박사
현 동아방송예술대학교 광고크리에이티브과 교수
전 한국방송통신대학교 홍보팀장
　　(주)브랜다 커뮤니케이션 & 매체전략 전문위원

SNS 광고마케터 1급
- 기출문제편 -

2024년 10월 30일 1판 1쇄 인쇄
2024년 11월 10일 1판 1쇄 발행

지은이 • 서보윤
펴낸이 • 김진환
펴낸곳 • (주)**학지사비즈**

04031 서울특별시 마포구 양화로 15길 20 마인드월드빌딩
대 표 전 화 • 02)330-5114   팩스 • 02)324-2345
등 록 번 호 • 제2023-000041호

홈 페 이 지 • http://www.hakjisa.co.kr
인스타그램 • https://www.instagram.com/hakjisabook

ISBN 979-11-93667-09-5   93320

정가 17,000원